늦어도
괜찮아,

성장하고
있으니까

늦어도
괜찮아,

성장하고
있으니까

내일을 바꾸기 위해
오늘부터 시작하는
성장 습관

변향미 구은주 김성호 김소영 변선옥 공저

헤르몬
HERMONHOUSE

나답게 살기 위한 작지만,
강한 성장 습관

'세 살 버릇 여든까지 간다.'라는 오래된 속담은 우리 삶 속에서 여전히 유효하다. 작은 습관이 쌓여 결국 인생을 바꾸는 힘이 된다는 사실을 우리는 직접 경험하며 살아가는 중이다.

코로나가 전 세계를 강타한 2020년! 다섯 명의 저자는 대학원 박사과정에 입학했다. 신입생으로 설렘을 안고 시작한 학업이었지만, 예상치 못한 팬데믹 상황으로 인해서 모이지도 못하고 온라인으로 학업을 시작했다.

각자가 걸어온 길, 일과 삶은 달라도 추구하는 이상과 가치는 공통점이 있었음에 힘든 박사과정의 길을 함께 했다. 저마다 보유한 강점들이 하나로 응집되어 '동기'라는 이유로 학문적, 정서적 지원뿐 아니라 실제적 지원 등을 경험하면서 계속 성장할 수 있었다.

　그렇게 이 책에 평범하지만, 꾸준한 습관으로 자신만의 길을 걸어 온 다섯 명의 이야기를 담았다. 변화, 향상, 미래의 가치를 통해 더 많은 사람의 행복한 성장을 돕는 데 열정을 쏟고 있는 전문 강사, 지역사회의 학습 환경 조성에 헌신하는 평생교육사, 끊임없이 변하는 교육 환경 속에서 실질적 해법을 고민하는 교사, 학습자들의 성장과 진로 설계를 제공하는 진로 전문가, 배움의 사각지대가 있는 곳이라면 어디든 달려가는 평생 학습 활동가로서 함께 글을 쓰고 하나의 책으로 완성하였다.

　이 책은 거대한 이론서도 아니고 화려한 성공담을 담은 자서전도 아니다. 다섯 명의 저자들이 어떠한 여정으로 걸어왔는지를, 어떤 노력을 해왔는지를 담담하게 풀어낸 이야기다. 또한, 우리가 함께 걸어온 시간 속에서 발견한 작은 습관들의 힘을 담고 있다. 꾸준한 배움, 성실한 실천, 서로를 격려하는 긍정적인 태도, 이 모든 것이 모여 하나의 목표를 이루는 원동력이 되었다. 그리고 결국, 우리는 박사학위를 취득하는 기쁨뿐만 아니라, 함께 책을 집필하는 뜻깊은 경험까지 하게 되었다. 큰 성취는 하루아침에 이루어지지 않는다. 목표를 이루는 과정에서 가장 중요한 것은 작지만 지속적인 실천이다.

인간의 변화와 성장은 눈에 보이지 않기에 불안하고 초조할 수 있다. 하지만 한 번뿐인 인생에서 자기 삶을 타인과의 비교에 머물러 포로처럼 끌려다닐 것인가? 아니면 자기 주도적으로 헤쳐 나갈 것인가? 누구나 큰 목표를 이루기 위해서는 꾸준한 실천이 필요하다. 결국 중요한 것은 '작지만 강한 성장 습관'이다. 이 책을 통해 독자 여러분도 자기의 삶 속에서 의미 있는 변화를 만들고, 꿈을 향한 여정을 더욱 단단하게 걸어가는 데 도움이 되시길 바란다.

2025년 3월 연구소에서 공저자 변향미

차 례

1장

긍정으로
길러낸
성장 습관

.
.
.

1
긍정 성품으로
살아가기

2025년이 시작되면서 나는 강의 경력 25년 차를 맞이했다. COVID-19 이전에도 이후에도 변함없이 강의 현장에서 활동하며 교육의 열정을 이어가고 있다. 교수자의 열정적인 태도는 강의에 온전히 몰입하며 최선을 다하는 모습에서 드러난다. 이는 교수자가 갖추어야 할 핵심 역량 중 하나이다. 왜냐하면 강의는 단순히 정보와 지식을 전달하는 데 그치지 않고, 학습자들에게 비전을 제시하고 동기를 부여하며 열정을 끌어내는 과정이기 때문이다. 강의를 업業으로 시작하게 되고 1인 기업가로 현재는 교육연구소를 설립하여 교수자로 살아간다는 것이 겉으로 볼 땐 멋지고 대단하다고 여겨지기도 하지만 그 과정은 만만치 않았고 부단한 노력과 책임의 과정들이 동반되어야 했다.

　어렸을 적 나에 대한 기억을 떠올리면, 부모님과 동생, 그리고 친구들이 기억하는 모습은 대체로 비슷하다. 동네 아이들을 교회로 이끄는 적극적인 리더였고 추운 겨울에도 밖에서 놀기를 좋아하는 활기찬 아이였단다. 초등학교에 입학하면서 학교생활에 적응하며 친구 관계, 선생님과의 관계, 방과 후 숙제도 아주 성실하게 해서, '숙제도 하지 않고 놀기만 하면 어쩌나?' 하며 걱정이 앞섰던 엄마의 생각과 달리 아주 야무지게 초등학교 생활을 시작했다며 칭찬하셨던 엄마의 모습이 기억난다. 그렇다. 난 어릴 적부터 명랑하고 긍정적인 아이였다. 이 글을 읽고 계신 독자분들도 어렸을 적 자신을 하나의 문장으로 표현한다면 어떤 키워드로 표현할 수 있을지 생각해 보면 좋겠다.

　기독교 배경의 부모님 슬하에서 1남 1녀의 장녀로 태어나 평범한 성장 과정을 거쳐왔다. 체격이 왜소한 엄마와는 다르게 나는 건강해서 잘 먹고 잘 자고 말도 잘 듣는 딸이었다고 한다. 가정형편이 넉넉하지는 않았어도 유치원에 다닐 만큼 부모님은 교육에 대한 열정이 남달랐다. 지금은 교육 환경과 교육 수준이 높아져서 유치원과 어린이집은 누구나 다닐 수 있는 시대가 되었지만, 내 나이 때에는 유치원에 다녔던 사람은 많지 않았다. 이러한 과정을 돌아보면 이 또한 감사하다. 부모님 댁에 가면 가족 사진첩을 보게 되는데 오래전 유치원 봄소풍에서 김밥을 먹고, 환타 음료수를 병째

들고 마시는 사진 속 내 모습을 보며 웃는다. 사진 속 유치원 원장 선생님과 담임 선생님의 모습도 기억난다. 그 옆엔 남동생도 있고 엄마도 있고 친구 엄마들도 함께 소풍 와서 즐겁게 점심을 먹는 모습의 사진이었다. 그때 친구들과는 연락이 닿지 않지만 어디서든 잘살고 있겠지? 궁금해진다.

나는 9살에 초등학교에 입학했다. 12월생으로 출생신고를 빨리 하지 못한 이유로 한 살 늦게 입학했다. 당시엔 전혀 문제가 없었는데 중·고등학생이 되면서 사춘기에 접어들자, 나와 같은 학년의 친구 중에는 나이가 한 살 또는 두 살까지 어린 친구가 있다는 사실을 알게 되었다. 왠지 이 사실을 알게 된 이후부터는 내가 느린 인생을 사는 것은 아닌지 하는 생각이 들었다. 그런 생각들이 조금씩 깊어지면서 또래들보다 앞서 가지 못하고 뒤처지는 느린 출발이 내 삶에 꼬리표처럼 따라다닐 수 있겠단 걱정이 있었지만, 그럴 때마다 날 일으키고 힘을 가져다준 것은 긍정적인 생각이었다.

타인에게 위축되지 않으면서 자기에게 힘을 불어넣고 내가 가진 장점들을 사랑해 주기로 했다. 이를 계기로 부정적인 시선이 아닌 긍정적인 태도로 내 삶을 좀 더 진지하게 들여다보는 새로운 전환점이 되었다.

아버지의 직장 때문에 초등학교 4학년 때 처음으로 서울에서 인천으로 전학을 갔다. 성격이 활달하고 명랑한 아이였지만 오랫동안 생활했던 서울을 떠나 인천으로 이사를 오게 되자 소극적으로 변했다. 전학해 온 다음 날 시험이 있었는데, 진도가 맞지 않아서 시험을 엄청 못 보았던 기억이 지금도 생생하다. 시험을 망친 것도 속상한데 더 놀랄만한 사건은 그다음 일이었다. 글쎄, 담임 선생님께서 학생들의 이름을 하나하나 부르면서 성적을 말해주는 거였다. 나는 꼴찌에서 열 번째였다. 그러고는 하시는 말씀이, "변향미는 서울에서 반장까지 했다는데 꼴찌에서 열 번째네, 애들아!"

전학해 온 지 얼마 안 되어 적응도 쉽지 않은 상황에 시험 본 것도 부담인데, 성적을 공개하고 아이들 앞에서 창피를 주신 것이다. 심적으로 깊은 상처는 아니었지만 지금도 아이러니하다. '그때 선생님은 왜 그런 행동과 말씀을 하셨을까?' 이 일은 교수자로서 가르치는 일을 하는 내게 아주 중요한 가르침이 되었고 반면교사로 삼는 기회가 되었다. 그래서 어떤 상황에서도 함부로 추측하거나 상대에게 부정적인 말을 남들 앞에서 하는 행동은 될 수 있으면 삼간다.

전학 온 후 또 한 번의 변화가 펼쳐진다. 새 학교에 적응하던 중에 옆 반 선생님께서 어느 날, 내게 양궁을 해보지 않겠느냐는 권유를 하신 것이다. 그때는 운동에 관심도 없었고, 당시만 해도 양궁은 지금처럼 올림픽 금메달 종목으로 널리 알려지지 않아, 사람들에게 낯선 운동이었다. 그런데 양궁 담당 선생님께서는 계속 권유해 주셨고. 잘할 수 있을 거란 희망적인 말씀을 해주셨다. 그 와중에 선택할 수밖에 없는 요인도 있었다. 매일 운동을 하면 빵과 우유를 간식으로 먹을 수 있다는 미끼(?)에, 호기심이 발동되어 활 쏘는 양궁 소녀로서 출발하게 되었다.

학교 수업을 마치면 가방을 메고 학교 운동장 옆에 마련된 훈련장에서 운동했다. 전학 후 적응 기간이었기에 자연스럽게 양궁 친구들과 친해졌다. 그리고 양궁 친구들 덕분에 학교에 안정적으로 적응할 수 있었다.

무엇이든 시작하면 성실하게 배우는 나는 양궁선수로도 빠른 적응과 집중을 통해 초등학교 6학년 때 전국 소년체전에 출전해서 입상하게 되었다. 중학교 입학을 앞두고 진로 결정을 하게 되었는데 함께 양궁했던 다섯 명의 친구 중 세 명은 양궁 쪽으로, 두 명은 일반 학교로의 진학을 결정했다. 일반 학교로의 진학을 결정한 두 명 중 한 명이 나였다. 양궁을 직업으로까지 할 수 있을 것인가에 대한 자신감도 없었고, 무엇보다 중요한 것은 내가 정말 잘하고 좋아하는 분야가 아니었다.

나중에 진로career에 대해 강의하는 분야의 일을 하면서 자격증과 진로 상담 공부를 하는 동안 알게 되었는데, 어린 시절 나는 양궁에 대해서 집착까지 형성될 만큼 흥미가 없었다는 것을 알았다. 결정을 잘했다고 생각한다. 다섯 명의 양궁 친구 중에는 88올림픽 국가대표 선수로 발탁되어 세계 선수들과 실력을 겨루며 당당히 금메달을 딴 친구도 있다. 그 친구는 지금 미국 애틀랜타에서 양궁 코치로 활약하고 있다. 난 운동선수의 길은 아니지만 내가 좋아하는 분야의 길을 천천히 찾아서 살고 있음에 만족한다.

현재는 연중 강의와 가르치는 일을 업業으로 삼고 있는 강사다. 전국을 다니면서 기관, 학교, 기업 등에서 다양한 학습자들에게 평생교육을 전파하고 있다. 놀라운 변화는 과거에는 배우는 것을 좋아했던 내가 지금은 가르치는 일을 전문적으로 하는 사람이 되었다는 사실이다.

결혼 후 출산하고 자녀를 양육하는 경력 단절의 시간을 거치면서 자연스럽게 육아에 집중하는 시기도 보냈다. 이후 아이들이 유치원을 다니면서 나에게 주어진 자유시간을 허투루 쓰고 싶지 않았다. 그래서 시작한 것이 도서관에 가는 거였다. 도서관에서는 평소 읽고 싶었던 책도 읽고, 관심 있는 분야의 프로그램을 다양하게 배우면서 나에 대한 진로 탐색을 구체적으로 찾아가기 시작했다. 두 아이를 키우는 엄마의 역할도 잘하고 싶었고, 내 꿈과 비전에 대한 간절한 소망도 잘 키워가고 싶었다. 도서관은 평생 학습 프로그램을 처음 만나게 된 나의 휘렌시아 같은 곳이다.

아마도 그때부터 현재까지 취득한 자격증과 수료증만 해도 어마어마하다. 배움엔 호기심이 많았고, 지속적인 학습으로 배움을 충전할 때는 행복했다. 즐겁게 배움을 이어오면서 길러진 꾸준한 학습의 힘이 결정적으로 박사학위를 취득하는 데 도움이 되었다.

학습자 관점에서 배우는 것에 기쁨과 열정을 갖고 있다가 시간이 흐르면서 나의 관심과 역량이 변화하고, 성숙해 감에 따라 가르치는 일을 통해 다른 사람들에게 지식과 경험을 전달하는 것에 대한 열망이 커졌다. 어쩌면 배우는 즐거움을 알던 내가, 가르치는 사람으로 변화한 것은 자연스러운 과정이었다. 이런 변화는 나 자신에게 새로운 시야를 제공하고 목표와 의미를 발견하게 해주었다.

내가 가르치는 일에 열정을 쏟는 이유는 명확하다. 가르침은 단순한 정보 전달을 넘어, 학습자들이 자신 안에 있는 잠재력을 발견하고 성장할 수 있도록 돕는 일이기 때문이다. 오늘도 나는 긍정적인 성품과 열정을 바탕으로 의미 있는 삶을 살고자 노력하고 있다.

2
실패해도 괜찮아,
넌 잘하고 있으니까

하루 벌어 하루를 살아야 하는 가난한 나무꾼의 이야기를 소개한다.

종일 산에서 나무를 베어 시장에 가서 팔아 가족들을 먹여 살리는 가난한 나무꾼이 있다. 어느 날 산 아래 사는 노인이 나무꾼에게 다가와 "지금까지 나무를 하던 곳에서 한 골짜기 더 깊은 곳으로 들어가 나무를 해보라."라고 말했다.

나무꾼은 늘 앞산 골짜기에서 나무를 하고 있었는데 노인의 말에 겁이 나기도 했다. 다른 곳에서 나무를 해본 적이 없었기에 망설여졌지만, 용기를 내서 한 골짜기 더 깊이 들어갔다. 그곳에는 나무가 아닌 '구리'가 있었고 나무꾼은 구리를 가지고 시장에 가서 팔았다.

어느 날 노인이 다시 나타나 "구리를 캔 곳에서 한 골짜기 더 깊은 곳으로 들어가라."라고 말했다. 이에 나무꾼은 한 치의 고민도 없이 구리를 캤던 장소에서 한 골짜기 더 깊은 곳으로 찾아 들어갔다. 이번에는 '은'이 나왔다. 나무꾼은 신이 나서 은을 캐내어 시장에 팔아서 점점 윤택한 삶을 살게 되었다.

이후 노인은 다시 나무꾼에게 나타나 은을 캤던 장소에서 한 골짜기 더 깊이 들어가라는 말을 하고 사라진다. 나무꾼은 즉시 한 골짜기 더 깊은 곳으로 들어간다. 상황은 점점 험해지기는 했으나 불평 없이 깊숙이 들어갔다. 그런데 이번에는 '금'이 나오는 것이 아닌가.

이렇게 나무꾼은 평생 노인에게 감사한 마음을 갖고 살았다.

이 글을 처음 읽는 순간 소름이 돋았고 울림이 일기 시작했다. 꿈을 잃고 계획했던 대로 풀리지 않았던 순간들이 떠올랐기 때문이다.

내 삶 속에서 환경적인 영향과 경험 등이 나에게 영향을 준 부분은 어떤 것이 있는지 살펴본다. 환경적 영향을 들자면 부모님의 양육 방식과 신앙적인 배경이 큰 영향을 주었다고 볼 수 있다. 특히 부모님은 지혜로운 양육 철학으로 나를 길러주셨다. 내가 하고 싶다는 것은 가능한 힘을 보태주셨다. 반대하기보다는 딸의 선택을 존중하고 지지해 주셨다. 이러한 긍정적인 지원 덕분에 대학 입학 시험도 세 번씩이나 도전할 수 있었다. 그렇지 않았다면 포기했을 수도 있었을 것이다.

대학 입시 연속 실패에 따른 자신감 부족이 이십 대 초반 나의 주된 감정선이었다. 부모님께도 염치가 없었고 가장 힘든 건 나 자신과의 대면이었다. '왜 내가? 왜 나만 계속? 이런 일이 생기는 거지? 뭐가 잘못된 건가?' 하는 부정적인 생각이 꼬리에 꼬리를 물고 퍼져가기 시작했고 급기야는 자신감도 떨어져 아무것도 하고 싶지 않은 상태가 되었다.

그렇지만 감사하게도 그런 시간은 오래 가지 않았고 다시 힘을 내어 자신의 페이스를 찾을 수 있었다. 방황을 멈추고 제자리로 빠르게 돌아올 수 있었던 원인을 찾아본다면 여러 가지가 있겠지만 그중에서 가장 중요하게 작용했던 것은 부모님의 긍정적인 지지였다. 부모님도 기대만큼의 상황은 아니지만, 자식 앞에서는 속상한 모습을 표현하지 않으시고 오히려 나를 위로해 주셨다. 지금 생각해 봐도 부모님께 감사할 부분이다.

또한 부모님과 주위 선생님들의 가르침이 나의 내면에 자리를 잡고 있었기에 힘들고 어려운 상황에서도 포기하지 않을 수 있었다. 꿈을 향해 목표를 세우고 다시 일어설 힘을 발휘하게 해준 것은 자존감이었다. 자존감이야말로 인간이 살아 존재하는 동안에 삶을 아름답고 행복하게 만들어 주는 열쇠와도 같다. 그 자존감의 바탕엔 긍정의 힘이 있었다.

다시 나무꾼의 이야기다. 만약 나무꾼이 노인의 말을 듣고 부정적인 생각에 사로잡혔다면 분명 시도하지 않았을 것이다. 왜냐하면 자신이 가보지 않은 길이었고 어쩌면 위험한 상황이 기다리고 있을 수도 있었기 때문이다. 그런데도 나무꾼은 타인의 말에 귀를 기울이면서 용기와 열정이 동반되어 시도했기에 좋은 결과를 얻을 수 있었다.

더 깊은 골짜기를 향해 들어가는 동안 얼마나 가슴이 뛰었을 것인가. 깊은 곳을 향해 들어가는 동안 열정을 채워서 행복한 순간을 만끽했을 것이다. 나도 힘든 대학 입시의 재수, 삼수 시절을 거치면서 스스로 격려하고 타인의 조언과 말에 집중하면서 균형을 잡고 시간을 채워 갔다. 그리고 삼수 끝에 대학 입학에 성공했다. 그간의 시간과 노력에 비하면 만족할 만한 결과도 아니며, 유명 대학의 합격증도 아니다. 하지만 힘든 과정을 통해 귀한 삶의 가치를 얻게 되었고 이 경험은 내가 살아가는 인생에 윤활유가 되어 현재의 나를 반짝이게 하고 돋보이게 해주는 자양분이 되었다. 삼수의 과정을 거치는 동안 주변의 만류도 있었고 부모님을 통해 들려오는 걱정되는 부분도 있었다. 하지만 그 과정에는 단단해지는 성장의 과정도 있었다.

우리 삶도 그렇다. 아니 내 삶이 그렇다. 실패는 성공의 어머니라고 말한다. 이 말은 실패로부터 배우고 성장할 수 있다는 것을 의미하는데, 나를 포함하여 사람들은 실패를 두려워하기도 한다. 그러나 실패는 우리에게 가르침을 주며, 더 나은 방향으로 나아가기 위한 좋은 기회가 될 수 있다. 성공은 자신감을 주지만, 실패는 겸손과 성찰을 가르쳐 준다. 또한 실패를 통해서 자신을 다시 평가하고 자신의 약점을 보완하며, 더 나은 열매를 맺기 위해 노력할 수 있는 동력을 얻게 한다. 그래서 실패는 결코 최종적인 것이 아니며 과정이다.

중요한 것은 그 과정을 어떻게 다루고 어떻게 극복하느냐이다. 실패를 견디고 이겨내는 것은 나와 우리 자신의 의지와 인내력을 키우는 과정이기에 실패를 두려워하지 않고 그것을 받아들여 자신을 더 나은 사람으로 성장시키는 기회로 삼을 때 원하는 목표나 소망을 이루게 될 것이다.

다만, 실패를 견디는 건 쉽지 않다. 어렵고 힘든 과정인 것은 분명하다. 그러나 그것이 우리가 이루고자 하는 목표에 도달하는 데 필수적인 요소임을 기억하면 좋겠다. 실패를 견디고 이겨내면 더 큰 성취와 만족감을 느낄 수 있게 되고 성장하게 될 수 있기 때문이다.

지금까지 내가 겪은 실패를 떠올려 보면 제법 있다. 초등학교 2학년 때 피아노 배우기를 중단한 것부터, 양궁선수가 되는 대신 일반 중학교로 진학한 일, 대학 진학에 실패해 재수·삼수를 거친 일,

어렵게 입학한 대학에서 전공이 맞지 않아 포기한 일, 그리고 늦은 나이에 대학원 박사과정에 입학했다가 1학기를 마치고 그만둔 일 등이 그렇다. 특히 초등학교 6학년 때 담임 선생님은 내가 양궁선수로 상급학교에 진학하지 않았다는 이유만으로 '인생 실패자'라는 표현도 서슴지 않으셨다. 하지만 되돌아보면, 그러한 실패들이 오히려 또 다른 기회와 성장을 이끌어 준 배경이 되었음을 깨닫는다.

당시에는 힘들고 괴롭고 막막하다고 생각했지만, 지금 돌아보면 실패가 아닌 결정을 잘한 거였다. 그래서 인생은 예측할 수 없으며 계획한다고 해도 알 수 없는 인생이라고 말하는 거 같다. 또한 실패했다는 것은 그만큼 적극적으로 시도했다는 것이며 경험을 갖게 되었다는 것을 의미한다. 10대에 실패를 경험했지만, 오히려 인생 사이클 주기로 봤을 때는, 30대 이후부터는 안정적인 변화와 성장을 이루어 온 것을 볼 수 있다. 우리나라 속담에 '매도 먼저 맞는 놈이 낫다.'라는 말처럼 내 경우엔 딱 들어맞기도 한 것 같다.

2023년 8월 교육학 박사학위를 취득하며 인생의 중요한 목표를 이루었다. 하지만 이 목표는 한때 포기했던 꿈이기도 했다. 왜냐하면 박사학위 과정은 한 번의 시행착오가 있었기 때문이다. 2013년 8월에 대학원 석사과정을 순조롭게 마쳤고, 지인의 추천으로 전공은 다르지만 서울의 ○○ 대학원 박사과정에 2017년 입학했다. 기다려 왔던 박사과정 입학 후 학교 시스템과 학습 환경은 만족스러웠지만 전공의 불일치에서 오는 부담감으로 인해 1학기를 마치기도 전에 스스로 학업을 중단했다. 쓰디쓴 인생이라 여기면서 '내 뜻대로 되지 않는 것도 있지.'라는 생각으로 박사학위 아닌 다른 것에 집중하며 일상을 살아갔다.

그러나 꺼지지 않은 소망의 불씨는 우연한 기회에 다시 내게 찾아왔다. 그것은 바로 내가 늘 머무르기를 좋아하는 학습의 현장이었다. 그 기회를 발판 삼아 다시 박사과정을 시작했고, 지도교수님의 가르침과 격려 가운데 박사과정을 마무리할 수 있었다.

이 시기에 인생의 보석과도 같은 학문공동체를 만났다. 같은 목표를 품고 생각과 마음을 공유하고 학문을 향한 뜻을 함께 세워가는 과정에서 만난 동기였다. 학업의 여정에 동기들이 있었기에 입학에서부터 졸업까지 함께하는 행운을 선물로 누릴 수 있었다. 인생에서 좋은 사람과 함께할 수 있음이 얼마나 감사한 것인지를 느낀다. 논문을 쓰고 이제는 공저자로서 책을 쓰는 힘, 이게 바로 '동기同期의 힘'이라 말하고 싶다. 구은주, 김성호, 김소영, 변선옥 사랑하는 동기의 이름을 불러본다.

지금까지 실패의 과정을 통해서 얻은 긍정적인 측면을 나의 경험을 기반으로 정리하면 다음 세 가지로 나눌 수 있다.

첫째, 실패는 성장과 학습의 기회를 제공해 준다는 점이다. 성장 마인드셋 이론에 따르면, 사람들은 자신의 능력과 잠재력을 발전시킬 수 있다고 믿을 때 실패를 긍정적인 방식으로 해석할 가능성이 있다고 한다. 실패는 자신의 한계를 발견하고 인정하게 하고 그 한계를 넘어서기 위한 동기부여를 제공한다. 실패를 경험함으로써 더 강해지고 더 나은 결과를 끌어낼 수 있는 새로운 접근방식을 얻게 하기 때문이다.

둘째, 실패는 종종 다른 사람과의 비교를 통해 우리에게 새로운 시각을 제공하기도 한다. 우리는 자주 자신을 다른 사람과 비교하면서 자아를 측정하게 되는데, 실패는 때때로 우리가 다른 사람의 성공이나 실패를 볼 때 우리의 위치를 재평가하게 해주며, 자기 인식을 조정할 기회를 제공해 준다. 즉 다른 사람의 경험에서 배울 수 있고, 자신의 상황을 다시 평가하여 더 나는 방향으로 나아갈 수 있게 만들기 때문이다. 그래서 내가 선택한 것 중 하나가 바로 독서다. 독서를 통한 자아 성찰을 꾸준히 해왔는데, 가장 중요한 것을 독서로 얻기도 했다. 책은 나를 꾸짖지 않고 스스로 깨달을 수 있도록 가르친 스승이기도 하다.

셋째, 실패는 종종 우리 내면의 강점과 대처 능력을 개발할 기회를 제공해 준다. 스트레스에 대한 이론을 공부하다 보면 이런 내용이 있다. '어려움과 도전은 우리의 정신적, 감정적, 사회적 능력을 성장의 기회로 작용하게 만든다.'라는 것이다. 실패는 우리가 도전에 대처하는 방법을 스스로 찾아서 강하고 유연한 사람으로 성장하게 만들어 준다. 따라서 실패는 단순히 부정적인 경험이 아니라 오히려 개인의 성장과 발전의 중요한 요소로서 긍정적인 측면을 가질 수 있다는 것을 말하고 싶다.

실패의 과정을 거치면서 자기의 내면에 새로운 인식과 통찰력을 불러일으키며 가치관과 태도에 많은 영향을 받았다.

첫째, 나를 겸손謙遜하게 만들었다. 성공을 경험할 때보다 실패했을 때, 나 자신을 깊이 이해할 수 있는 시간을 마주하게 되었다. 그리고 나의 약점과 한계를 드러내는 거울이 되어 현실을 정확하게 평가할 수 있도록 도와주었다. 이러한 과정이 나의 부족한 점을 합리화하지 않고 겸손해지며 있는 그대로 인정하여 성장할 수 있는 자세를 만들어 주었다.

둘째, 실패의 과정을 통해 인내忍耐를 배웠다. 솔직히 실패를 통해서 나의 노력과 희망을 꺾을 때도 있었지만 어려움을 극복해 나가면서 인내하는 힘을 키웠다. 끊임없는 도전의 과정과 노력의 시간이 모여 실패를 넘어서는 기쁨의 순간을 맞이할 수 있었다. 그렇기에 더 감사했다.

게다가 실패의 과정을 거치면서 문제해결 능력이 길러지기도 했다. 새로운 방법과 접근방식을 모색하면서 창의적인 아이디어를 발전시킬 기회로 삼기도 했다. 이러한 과정은 나의 드러나지 않았던 잠재력潛在力을 최대한 발휘할 수 있게 만드는 긍정적인 발견을 하게 만들었다.

비록 서툰 삶이었지만 실패를 통해 더 나은 사람으로 성장할 수 있는 계기가 되었다. 당면한 어려움을 극복하고, 자신의 한계를 뛰어넘으며 끊임없이 발전하고 성취하기 위해 노력하는 여정이었다. 내면에서 깊은 변화를 끌어내며 성숙한 사람으로 다져지는 과정이기에 여러분도 실패를 두려워하지 말고 당당하게 살아가기를 바란다.

3
성장 습관에 대하여
답한다

책을 읽다 보면 책 속에 소개된 내용뿐만 아니라 저자들의 일상이 유독 눈에 띄는 경우들이 많음을 알 수 있다. 익히 알고 있는 사실임에도 그들은 작은 습관 하나에도 스스로가 성실하게 쌓여서 지금의 모습을 완성해 왔음을 알 수 있게 해준다. 그들은 대부분 별거 아니라고 겸손히 표현하지만, 그 별거 아닌 것이 그들의 성장을 이끈 '위대함'임을 독자들은 깨닫게 된다.

COVID-19로 대면 접촉을 못 하게 되자 사람들은 온라인으로 모여들기 시작했다. 새로운 문화가 형성되기 시작했는데 바로 '챌린지' 열풍이었다. 삼삼오오 '루틴' 만들기 온라인 단톡방에 모여들어 각자의 성장 습관을 함께 공유하였다. 더불어 습관과 관련된 책들도 그 어떤 해보다 인기를 끌었다. 코로나 기간 나는 만 보 걷기 챌린지를 5달 동안 지속하면서 6kg의 몸무게를 줄이기도 했고 (물론 지금은 다시 몸무게가 증가했지만) 온라인으로 행복 줌살롱 모임에 참여하기 시작하여 현재까지 단톡방을 운영하면서 3백 명이 넘는 회원분들과 학습동아리를 꾸준히 지속하고 있다. 이처럼 사람들은 성장에 관련된 습관에 관심이 많다.

습관習慣이란, 어떠한 행동을 학습한 후 일상적으로 반복하는 행위로 습관은 후천적인 행동 양식이고 반복하여 수행되는 것으로 고정화되며 신체적 행동 외에 생각이나 정신력, 심리적 경향도 포함되어 있다고 정의되어 있다(위키백과). 습관과 비슷한 말을 찾아보니 '버릇'이란 단어가 있는데 이는 에티켓이나 매너 등을 포괄하는 말로 사용된다.

습관이란 말과 비슷하게 사용되는 영어로 '루틴routine'이 있다. 원래는 전자 계산 용어로, 계산기에 하고 싶은 처리를 실행시키기 위해서 적당한 순서로 배열된 일련의 명령어를 이르는 말이다. 규칙적으로 하는 일의 통상적인 순서와 방법이라는 뜻으로 과정을 강하게 포함하는 단어로 사용되고 있다.

그렇다면 나는 어떤 습관이 형성되어 있을까? 이 고민을 이번 '3장'에서 말해보고자 한다. 나의 습관은 지금의 나를 만들기까지 다양한 것들이 있을 수 있다. 어쩌면 아주 사소한 것일 수도 있겠단 생각이지만 이 글을 읽는 독자들에게 도움이 되기를 바라며 소개한다.

1) 배움에 대한 열정

나에 대해 사람들이 한결같이 하는 말 중 하나는 "참, 열정적이다."라는 말이다. 열정적으로 보여지는 이미지라며 주변 분들은 나를 떠올리면 '열정'이란 단어를 말한다. 오랫동안 나를 지켜보신 교회분들도 '걸크러쉬'니 '여장군'이라는 말을 해주기도 하셨다.

올림픽에 출전해 메달을 획득한 운동선수를 떠올려 보자. 그는 오랜 훈련 과정마다 열정을 품고 꾸준히 준비했을 것이다. 꿈을 향해 한 발씩 나아갈 때, 비로소 목표했던 성과를 거둘 수 있었을 것이다. 앞서 1장에서도 언급했듯 나 역시 배움에 대한 열정이 내 삶에서 차지하는 비중이 매우 컸다. 좋아하는 일에는 꾀를 부리거나 핑계를 대지 않고 열심히 그리고 묵묵히 살아왔다.

순조롭지 못했던 대학 입시 실패는 배움에 대한 욕구를 더 크게 확산시켜 나가는 계기가 되었다. 가고 싶은 대학에 입학했더라면 바랄 게 없겠지만 성적에 맞춰서 진학하다 보니 아쉬움이 컸다. 이러한 아쉬움이 나의 성장에 계속 드라이브를 걸게 만드는 원동력이 되었다. 머릿속엔 긍정, 열정, 희망, 용기, 도전, 행복 등의 단어가 생성되고 걸어 다니는 곳곳마다 비슷한 단어들이 나의 시선을 사로잡았다.

결혼 후 두 아이를 낳고 엄마가 되어 하루의 일상이 어떻게 지나가는지 모를 정도로 육아에 집중하였다. 두 아이의 성장을 지켜보면서 부모가 된다는 것이 쉽지 않은 것임을 현실 육아를 통해 알게 되기도 했다. 당시 일은 하지 않았지만, 일과 자녀 양육을 병행하는 것이 얼마나 힘든 일인지는 짐작할 수 있었다. 주변에 경력 단절 엄마들의 모임에도 관심이 있어서 정보를 공유하고자 동아리 모임도 함께 했다.

자녀를 양육하는 일이 가장 중요한 나의 일이기도 했지만, 순간순간 배움의 끈은 놓지 않았다. 아이들이 어린이집을 다니는 시간은 오롯이 나에게 주어진 유일한 시간이었다. 이 시간만큼은 철저하게 나를 위해 사용하기 시작했다. 나름 치밀하게 사용했다.

아이들 키우느라 잠도 부족했고 읽고 싶은 책들도 있었지만, 시간도 부족하고 경제적 여유도 없었다. 마음껏 책을 읽고 싶어 매일 아침 도서관으로 향했다. 책을 읽으면서 관심 있는 분야에 대한 자격증 정보도 얻었고, 실제로 자격증을 준비하는 시간으로 채워 갔다. 아이들이 어린이집에 있는 시간이 차츰 늘어나면서부터는 본격적으로 나의 관심은 외부로 쏠리기 시작했다. 그리고 사는 지역을 기반으로 봉사활동을 시작했다.

마을에 있는 자그만 도서관에서 도서 대출 업무를 하는 봉사였다. 어느 때는 어린이집에서 아이들이 돌아오는 시간에 맞추어서

두 아이를 데리고 함께 지역 도서관으로 가 봉사를 했다. 좋아하는 봉사도 하면서 두 아이가 도서관에서 책을 읽으며 함께 할 수 있는 시간도 가졌다. 그러면서 잠재되어 있던 내 안의 꿈들이 천천히 꿈틀꿈틀하기 시작했다.

도서관에서 자원봉사를 하다 보니 지역사회에서 매달 표창하는 우수 자원봉사자 상도 받았다. 봉사도 하고 상도 받을 수 있다는 것에 감사했기에 꾸준히 봉사를 이어갔다. 마을 도서관 봉사는 자녀들이 고등학교 졸업할 때까지 이어졌다. 지금은 예전처럼 봉사에 할애하는 시간이 줄어들었지만, 기회가 있을 때마다 봉사하려는 마음에는 변함이 없다.

도서관에서 시작한 봉사활동은 시니어 대상의 재능기부 강의로 확대되었다. 처음 봉사활동을 시작했을 때는 담당자와 협의하는 것부터 하나씩 배워 나갔다. 모든 순간이 어떻게 펼쳐질지는 예상할 수 없지만 새로운 것을 준비하고 시도한다는 것 자체가 매우 흥분되는 일임은 분명했다. 그리고 준비하고 노력한 만큼의 대가는 반드시 있다는 것 또한 알게 되었다. 가장 중요한 것은 자신의 결핍 욕구야말로 겉으로 드러내고 인정할 수만 있다면, 진정한 자신의 성장 동력으로 전환될 수 있다는 것을 비로소 알게 되었다.

우리는 자신을 솔직하게 직면하는 시간이 필요하다. 시간이 없고 부족하다며 핑계 대지 않아도 된다. 그 시간은 길지 않아도 된다. 하루 10분씩 꾸준히 자신을 성찰하면서 꼭 해야 할 것과 나중에 해야 할 것, 급한 것과 급하지 않은 것 등으로 구분해서 시간을 사용하다 보면 현재 내가 어떻게 하루를 보내고 있는지를 알 수 있을 것이다. 하루 10분의 기록과 성찰이 꽤 유용한 방법이다.

2) 긍정적인 마음가짐

나는 퍼스널 브랜딩 네이밍을 사용하고 있다. 지금의 네이밍을 만들기까지 거쳐 온 이름이 서너 개 있는데, 현재 사용하고 있는 브랜딩 네이밍은 '긍정마스터'이다. 이 이름은 지금의 나를 잘 표현하고 있다고 본다.

항상 긍정적인 마음가짐을 가지려고 노력해 왔다. 긍정적인 마음가짐이란 삶의 여러 상황에 긍정적으로 대처하고, 낙관적인 태도를 유지하는 것을 말한다. 이는 어려움과 도전해야 하는 상황에서도 긍정적인 시각을 유지하며, 자신과 주변 사람들을 격려하고 지지하는 것이라고 할 수 있다.

꿈을 이루는 과정은 어렵고 가시적인 것처럼 보일 수 있다. 그렇지만 긍정적인 마음가짐을 갖고 있으면 용기 있게 도전할 수 있다.

내 꿈은 사람들의 성장과 행복한 삶을 돕는 강사가 되는 것이었다. 이를 위해 매일 꿈을 향해 나아가는 작은 단계를 걸어왔다. 하지만, 이 과정에서 많은 도전과 어려움도 있었다. 충분히 좋은 아이디어를 생각해 내지 못하거나 거절과 실패에 직면했을 때도 있었다. 그럴 때마다 긍정적인 마음가짐을 유지하는 것이 중요하다. 실패를 받아들이고 배움의 기회로 삼아야 한다.

"이번에는 실패했지만, 다음에는 더 나은 결과를 얻을 수 있을 거야."라고 자신에게 격려했다. 또한 주변에 지지해 주는 사람들과 함께 도전에 관해 이야기하고 격려도 받았다. 그렇게 나는 남편과 부모님, 동생과 지인들이 있었기에 포기하지 않고 꾸준히 노력할 수 있었다.

마침내 이러한 긍정적인 마음가짐과 끈기는 꿈을 이루는 데 도움이 되었다. 강사로서 성장하기 위해서는 오랜 시간과 꾸준한 노력이 필요하지만, 긍정적인 태도를 유지하면서 꿈을 향해 나아가면 결국 어려움을 극복하고 원하는 목표를 이루게 된다는 사실을 알게 되었다.

내 경험을 근거로, 긍정적인 마음가짐이 가져다주는 긍정의 효과를 살펴보자. 첫째, 더 많은 기회를 발견하게 된다. 긍정적인 생각은 더 많은 가능성과 기회를 발견하여 어려운 상황에서도 창의적인 해결책을 찾을 수 있다. 둘째, 무엇보다 긍정적인 마음가짐은 건강에 도움이 되어 스트레스가 줄고 면역력이 강해져서 마음의 안정을 유지할 수 있다. 셋째, 좋은 사회적 관계를 맺게 된다. 긍정적인 사고를 하는 사람들은 다른 사람들과의 관계에서 긍정적인 영향력을 미치게 되므로 가족과 친구와의 관계가 더욱 풍요로워질 수 있다. 마지막으로 목표 달성의 동기부여를 제공한다. 긍정적인 마음가짐은 목표를 달성하는 데도 큰 힘을 주어 어려운 도전에 직면했을 때 침착하게 도전할 수 있는 용기와 결단력을 얻게 한다.

반면, 긍정적인 마음가짐이 과도한 낙관주의에 빠져 균형을 잃게 되면 현실을 제대로 인식하지 못할 수도 있다. 가령 어떤 문제에 대해 너무 낙관적으로만 생각하다가 실망할 수 있기 때문이다. 따라서, 긍정적인 마음으로만 모든 상황을 평가하려고 하면 현실적인 판단이 부족해질 수 있으므로 때로는 현실의 상황을 정확하게 평가하고 판단하는 것도 중요하다. 이렇듯 긍정적인 마음가짐의 장단점을 고려하면서 현실적으로 판단하는 것이 가장 바람직하고 건강한 선택이라고 볼 수 있다.

3) 꾸준한 책 읽기, 몰입 독서

초등학교 입학하기도 전 추운 겨울로 기억된다. 당시 서울에 살았던 우리 집은 안방과 건넌방을 사용하고 있었고 내 방은 연탄을 피우지 않을 때도 있었다. 그래서 추운 겨울이면 삼단 매트리스를 깔고 그 위에 걸터앉아 책을 읽었다. 지금 생각하면 그때 무엇을 그리 읽겠다고 추운 방에서 책을 읽고 있었는지 모르겠지만 퀴리 부인과 이순신 장군 등의 위인전기를 읽으면서 시간을 보냈었다. 그 모습을 예뻐하신 부모님은 책을 전집으로 사주시며 아낌없는 지원을 해주셨다.

초등학교 입학 후엔 글짓기와 독후감 대회에 학급을 대표하여 출전하기도 했다. 운이 따라주었는지 대회 출전할 때마다 종종 상을 받았다. 선생님들이 칭찬해 주시는 덕분에 더 열심히 책을 읽고 상 타는 것과는 무관하게 학교 대내외에서 진행되는 대회에 자주 참가했다. 책도 읽고 상도 타고 가끔 상금이나 선물을 받을 땐 기분이 좋아서 우쭐대기도 했었다. 이처럼 책을 읽는 습관은 꾸준히 이어져서 청소년이 되어 사춘기가 왔을 때도 책을 통해 생각의 깊이를 확장해 나가기도 했고, 더러는 시詩를 쓰고 시집을 읽으면서 마음을 달래기도 했다. 당시 시를 암송하고 자주 인용했던 시들은 지금도 기억에 남아 있다.

책 읽기를 통해서 얻게 되는 장점은 정말 많다. 글쓰기의 힘을 기르는 것뿐만 아니라 대화하거나 대중 앞에서 발표할 때 대화의 흐름을 놓치지 않을 뿐 아니라 자신의 주장을 언급할 때도 조리 있게 말할 수 있는 장점이 있다. 스피치 학원에 다니거나 훈련을 받은 적이 없는 나로서는 정말 책 읽기 습관이 많은 도움이 되었다.

조리 있게 말하고 대중에게 의견을 전달해야 하는 직업에는 가장 큰 강점이라고 생각되기 때문에 꾸준한 책 읽기는 어렸을 적부터 습관이 되면 좋다.

책 읽기의 시작은 어떤 책이든 좋다고 본다. 부모는 자녀들이 책을 가까이하되 공부에 도움이 되는 책을 우선적으로 보길 원한다. 하지만, 자녀의 독서에는 조금 거리를 두고 자녀들이 재미있어하고 호기심을 느끼는 영역으로, 일단 자녀에게 주도권을 주면 좋겠다. 책을 좋아하는 자녀들은 부모의 잔소리와 무관하게 다양한 책으로 관심이 쏠리기 때문이다.

4
성장 습관
사용설명서

누구나 마음속에 자신만의 정원을 가지고 있다. 그 마음의 정원을 잘 가꾸기 위해서는 무엇이 필요한지 스스로 찾아보는 탐구 과정이 필요한데 그 모든 바탕엔 열정의 씨앗이 필요하다고 생각한다. 성장의 씨앗을 심고 키우는 것은 우리의 삶에 활력을 불어넣고 더 나은 미래를 향한 발판을 마련해 주기에 중요하다. 다음은 성장 습관에 대한 경험을 나누어 보고자 한다.

1) 배움에 대한 열정을 기르려면

관심사 찾기: 지치지 않게 오랫동안 잘할 수 있는 분야가 무엇인지 찾을 수 있는 자기 탐색의 시간을 갖는 것이 필요하다. 자기 탐색의 시간은 인간의 발달단계에서 어쩌면 가장 중요한 부분이라 충분한 시간을 가져보기를 부탁한다. 다양한 주제를 탐색하여 진정으로 관심 있는 것이 무엇인지 직접 찾아야 한다. 자신의 호기심과 상상력을 사로잡는 분야에 집중해 보면 배움에 대한 학습이 재미있어질 것이다. 재미있고 호기심 있는 사고방식의 학습을 통해 다양한 책, 특강이나 워크숍 참석, 실습 활동 참여 등을 경험함으로써 새로운 가능성이 열리게 될 수 있다.

지식 공유하기: 친구, 가족 또는 온라인 커뮤니티나 오프라인 동호인 모임을 결성하여 배운 내용을 다른 사람들에게 가르치거나 공유하는 것은 열정을 키우는 데 효과적이다. 다른 사람을 가르치면 해당 주제에 대한 이해가 깊어지고 학습과 배움에 대한 열정이 강화될 수 있기 때문이다. 나는 배움을 함께 할 수 있는 동아리나 자조 모임을 꾸준히 참여하기도 하고 주도하면서 현재까지 배움의 열정을 키우고 있다. 그러면서 자연스럽게 학문의 열매를 맺는 대학원까지 도전하게 되고 석사를 거쳐 박사학위까지 취득할 수 있게 된 원동력이 되었다.

학습 내용을 실제 생활에 연결하기: 꾸준히 배우고 있다면 실제 상황에 적용할 수 있는 방법을 찾는 것 또한 중요하다. 직장에서의 문제해결이든, 취미 생활이든, 시사 문제를 이해하든, 학습과 실제 경험을 연결하면 더욱 의미 있는 즐거운 배움이 일어나기 때문이다. 나 역시 배움을 추구함과 동시에 가족과 친척, 친구들을 만나개인 상담과 코칭, 봉사활동을 통해 학습의 전이가 발생하는 것을경험했다.

2) 긍정적인 마음가짐을 가지려면

매일 감사하기: 감사하기를 통해 사소한 것에 감사함으로써불안한 감정에서 벗어날 수 있고, 하루의 일과를 마무리하기 전에하루 동안 느낀 감사한 일들을 적음으로써 행복한 감정의 주인이될 수 있다. 감사를 실천하는 사람들이 성공적으로 목표를 달성한다는 조사 결과를 보면, 감사하는 사람에게 성공의 기회가 더 많이찾아온다는 것을 알 수 있다. 일상에서 꾸준히 감사의 마음을 가지면 좋겠다. 당연하다는 생각에서 빠져나와 지금 누리고 있는 것에대해 의미를 부여하여 감사를 선택했으면 좋겠다. 매일 감사하기를 습관화하여 감사 일기를 써보기를 추천한다. 현재의 소중함을인식하고 감사하는 태도를 습관화하면 삶의 질이 향상되는 것을깨달을 것이다.

긍정적인 자기 대화하기: 부정적인 생각이 들 때 자기에게 격려의 말을 건넴으로써 긍정적인 방향으로 바꾸어 보는 것이다. 그래도 부정적인 생각이 든다면 곧바로 인식하고 긍정적인 생각으로 전환한다. 다시 말해 자기 생각을 먼저 인식해야 한다. 이것은 자기 생각과 감정을 주의 깊게 관찰하고, 어떤 상황에서 부정적인 생각이 발생하는지, 이런 생각이 실제 상황과 무엇이 다른지를 파악해서 자신에게 긍정적으로 자기 대화를 해야 한다. 긍정적인 자기 대화는 자기에게 하는 내부적인 대화로 자신감을 높이고 스트레스를 줄이며 도전적인 상황을 좀 더 잘 대처할 수 있도록 돕는다. 이 방법은 자신에 대한 긍정적인 확신을 가지는 데 도움이 된다. 오늘부터 자신을 칭찬해 보는 습관을 시작해 본다면 차츰 변화되는 나를 만나게 될 것이다.

자기 관리하기: 자기 신체, 마음, 정신을 돌보는 것이 중요한데 이를 위해 충분한 수면과 영양, 휴식을 취하는 것이 필요하다. 우리가 잘 아는 것처럼 몸과 마음은 연결되어 있기에 몸이 건강해야 마음도 건강하고 행복해질 수 있다. 그래서 꾸준히 자신의 건강을 돌보는 것에 관심을 기울여야 한다. 가끔은 나를 위해 고급 레스토랑에 가서 식사하기, 야외에서 햇살을 맞으며 산책하기, 사랑하는 사람과 함께 일상을 벗어나 여행을 다녀오는 것도 좋은 방법이다. 나에 대해 깊이 탐색하고 나를 사랑하면서 내가 행복한 일과 행위를 찾아보는 것도 자기 관리를 위한 돌봄에 매우 필요하다고 본다. 아

래 그림은 행복 칼로리표로 행복을 느끼는 상황을 재미와 의미로
구분 지었다. 그래프를 살펴보면서 여러분이 경험하는 행복은 어
떠한지 참고해 보면 좋겠다.

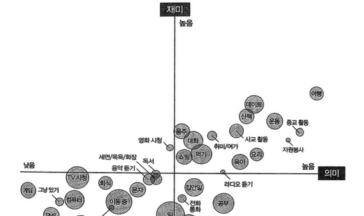

〈행복 칼로리표〉

출처: Choi & Catapano & Choi(2017)

3) 꾸준한 책 읽기, 몰입 독서를 하려면

일정한 시간을 정해 책 읽기: 이것은 일상의 일부가 되어 자연스럽게 책을 읽게 도움을 줄 수 있다.

적절한 책 읽는 환경 조성하기: 책 읽기에 조용하고 편안한 공간, 편안한 의자와 적절한 조명이 있는 곳을 찾아보면 몰입 독서를 할 수 있게 된다.

목표 설정하기: 읽고 싶은 책의 목록을 만들어서 한 달에 몇 권의 책을 읽을 것인지 목표를 설정하고 책 읽기를 시작하면 훨씬 책 읽기가 꾸준히 지속될 수 있다.

노트 작성하기: 책을 읽으면서 중요한 부분이나 마음에 드는 문장, 생각나는 아이디어를 적어두면 이해를 돕고 나중에 책을 회고할 때 도움이 된다.

틈새 시간 이용하기: 출퇴근 시간이나 짧은 휴식 시간을 활용해 책을 읽어 보자. 긍정적인 에너지를 주는 책을 선택하면 더 효과적이다. 자기 계발서나 영감을 주는 소설 등을 읽고 마음에 드는 문장을 필사하며 독서의 깊이를 더해 보자.

5
나의 소명을 찾아
빛 가운데로 걸어가라

　세상은 끊임없이 변화하며, 우리는 각자의 길을 찾아가는 여정을 이어간다. 이 여정 속에서 우리는 때로 '소명'이라는 나침반이 필요하다. 소명召命은 단순한 직업이나 역할을 넘어, 우리의 존재와 깊게 연결된 목적을 의미한다. 따라서 우리의 삶과 활동이 그 목적과 일치할 때, 비로소 우리는 소명을 이루고 있다는 충만감을 느낄 수 있다.

　소명은 단순한 업무나 책임이 아니다. 우리의 내면에서 우러나오는 특별한 느낌으로 우리 자신의 특별한 재능이나 열정과도 연관이 있다고 볼 수 있다. 예를 들어 어린 시절부터 타고난 예술적 재능에 대한 열정을 느낀 사람들은 그 예술적 소질을 발전시키면서 사람들과 나누며 소명을 완수할 수 있다. 또 누군가는 아픈 사람을 보호하고 병을 치료하는 데 열정을 가지고 있을 수 있다. 이런 소명이 우리의 삶을 더 의미 있고 풍요롭게 만들어 준다.

1인 기업의 대표이며 교수자로서 나는 내 소명이 교육을 통한 영감, 그리고 진심을 통해 다른 이들의 삶에 긍정적인 변화를 불러오는 것임을 깨닫게 되었다. 이는 단순히 지식을 전달하는 것을 넘어, 사람들이 자기 잠재력을 발견하고, 그들만의 빛을 찾아 나갈 수 있도록 돕는 것을 의미한다. 변화, 향상, 미래 3가지 가치가 내가 바라는 연구소의 미션이 된 이유가 여기에 있다.

1) 때론 탐구하고, 계속 경험하고, 결국 넓혀가라

내 비전은 사람들이 자기 내면의 목소리에 귀 기울이고, 그들의 진정한 열정을 발견하여 삶의 모든 영역에서 의미와 성취를 찾을 수 있도록 하는 것이다. 이를 위해, 나는 지속적인 학습, 성찰, 그리고 실천의 중요성을 강조하고 있다. 가치란 우리의 행동과 결정에 영향을 미치는 근본적인 신념으로, 나의 가치는 정직, 책임감, 그리고 연대감이다. 이 세 가지 가치는 내 강의와 코칭의 모든 활동에 반영되며 우리가 제공하는 교육 서비스와 강의의 내용을 결정짓는 기준이 되기에 중요하다.

2) 꿈꾸고 비전을 찾고 소명을 가지라

진실은 우리가 타인과의 관계에서 신뢰를 구축하는 기반이며, 영감은 우리가 새로운 가능성을 탐구하고 도전하는 데 필요한 동력이다. 나는 내 기업을 통해 이 두 가지를 전달하고자 한다. 우리의 교육 서비스로 진실한 정보와 실질적인 가치를 바탕으로 하며, 사람들이 자신의 소명을 찾고, 그들의 삶에 빛을 가져올 수 있도록 영감을 주고 싶다.

소명을 찾는 여정은 쉬운 일은 아니다. 종종 그것을 찾기 위해서는 자기 발견과 내적인 탐구가 필요한 시간을 가져야 한다. 우리는 자연스럽게 그것을 찾기도 하지만, 때로는 명확한 방향성을 위해 노력하고 탐구해야 한다. 이를 위해서 우리 자신과의 소통이 필요하다. 자신의 가치관과 열정을 탐색하고 그것이 어떻게 다른 사람들과 세상을 더 나은 곳으로 만들어 갈 수 있는지를 고민해 보아야 하겠다.

또한, 우리가 소명을 발견했다면 그것을 실천하는 것도 중요하다. 이를 통해 우리의 존재가 의미 있고 가치 있는 것임을 느낄 수 있으며, 세상에 긍정적인 영향을 끼칠 수 있게 된다. 우리의 소명은 우리를 이끌어 주는 나침반이자, 우리가 향해야 할 방향을 가르쳐 주는 진실한 가이드가 될 것이다. 그것을 따라가면서 우리는 더 큰 삶의 만족감과 성취감을 느낄 수 있을 것이다.

3) 소명을 실천하며 빛을 찾다

소명을 찾는 여정은 쉽지 않지만, 그 과정에서 우리는 자신의 진정한 가치와 가능성을 발견하게 된다. 1인 기업의 대표로서 나는 이 여정을 함께 걸어가며, 사람들이 자신의 빛을 찾아 세상을 밝히는 데 기여하고 싶다. 우리 모두의 소명이 빛 가운데로 스스로 이끌어 가기를 바란다. 마지막으로 박사과정 논문을 쓰던 긴 시간 동안 나를 붙들고 힘을 주었던 시 한 편을 공유하며 글을 마친다. 우리에게 주어진 삶을 진심으로 사랑하며 살아가기를 바란다.

"삶에 대한 작은 찬가"
살아 있음이 기쁘다.
하늘의 푸르름이 기쁘다.
시골의 오솔길이, 떨어지는 이슬이 기쁘다.
개인 뒤엔 비가 오고, 비 온 뒤엔 햇빛 난다.
삶의 길은 이것이리, 우리 인생 끝날 때까지.
오직 해야 할 일은, 낮게 있든 높이 있든
하늘 가까이 자라도록 애쓰는 일.

-리셋 우드워스 리스-

2장

꾸준함으로
이뤄낸
성장 습관

.
.
.

1
나는
'오지라퍼'이다

지금의 나를 한마디로 표현하자면 '오지라퍼'라는 단어가 가장 적절할 것이다. 흔히 '오지라퍼'라고 하면 오지랖이 지나쳐 쓸데없이 아무 일에나 간섭하는 그런 부정적 의미로 쓰이지만, 또 다른 의미인 타인의 작은 일에도 관심을 가지고 도와주려는 사람, 그 사람이 바로 나를 표현하는 '오지라퍼'라는 말의 의미와 같을 것이다.

몇 해 전, 안산에서 평생 학습 프로그램을 운영하기 위해 시작 시간보다 한 시간 일찍 도착해 준비를 시작했다. 학습자들이 도착하기 전 냉난방 시설이나 빔프로젝터, 음향 장비 등을 점검하고 출석부와 간식 등을 준비하며 만반의 준비를 갖추었다. 어느 정도 준비가 마무리되어 건물 밖으로 나갔다. 강사님이 도착 전이라 주차 상황을 확인해야 했다.

그날은 첫날이어서 주변 환경이 낯설었다. 아침 출근길에 보니 주차 공간이 넉넉하지 않아 강사님이 주차 문제로 어려움을 겪을 것 같다는 생각이 들었다. 아니나 다를까 건물 내 주차장은 이미 만차였다. 급히 강사님께 전화해서 이러한 사실을 알리고, 인근 주차장을 찾아갈 수 있도록 안내했다. 또 건물 외관에 기관을 식별할 수 있는 표식이 작아 처음 오는 이들은 찾기 힘들었기에, 밖으로 나가 강사님을 기다렸다. 잠시 후, 강사님이 주차를 마치고 걸어오는 모습이 보였다. 손을 크게 흔들어 장소를 알려주었다. 프로그램 시작 10분 전에야 간신히 강사님이 도착할 수 있었다. 아마도 나의 오지랖이 아니었다면 강사님이 강의 시작 전에 도착하기는 어렵지 않았을까 싶다.

이러한 일이 있은 며칠 후, 우리 기관 대표님으로부터 강사님의 이야기를 전해 들을 수 있었다. 강사님은 지금껏 건물 밖까지 나와 기다려 준 사람은 처음이었다며, 따뜻한 배려에 기분이 좋아졌다고 전했다. 나의 오지랖이 누군가에게 큰 힘이 되었음을 알게 되어 보람을 느꼈다.

이렇게 내가 오지라퍼가 된 데에는 부모님의 영향이 컸을 것이다. 아버지는 내가 결혼하고 큰아이 다섯 살 되던 무렵, 암으로 돌아가셨다. 생전 아버지는 참 따뜻한 사람이었다. 어려운 일을 겪는 친척들이 있으면 먼저 찾아가 돕고, 그들의 사정이 나아진 뒤에도 꾸준히 찾아가 안부를 살피는 그런 사람이었다. 아버지가 돌아가신 후 짐 정리를 하다가, 오래전 삼촌이 취업 준비를 하던 시기에 아버지가 보내주신 제법 큰 용돈의 영수증을 발견한 적이 있었다. 물론 그 일은 엄마도 모르고 계셨던 터라, 우리는 아버지를 생각하며 한참 울었다. 그렇게 아버지는 언제나 주변을 따뜻하게 잘 살피셨다. 그런 아버지의 모습이 나의 본보기가 되었고, 자연스럽게 나 또한 주변을 살피는 사람이 된 것 같다.

엄마는 다른 사람에게 민폐를 끼치는 것을 무척이나 싫어하신다. 어린 시절, 교감 선생님으로 계시면서 한문을 가르치셨던 할아버지 슬하에서 엄격한 가정교육을 받으며 자라셨다. 이런 가정환경의 영향을 받아 엄마는 남에게 피해를 주지 않는 삶, 그리고 남을 배려하는 삶이 몸에 배었다. 지금까지도 엄마가 가장 싫어하는 것이 있다면 그건 다른 사람에게 폐를 끼치는 것이다. 그래서 자식들에게조차 폐가 될까, 항상 걱정하신다.

아마도 이런 엄마의 영향을 받아서일까? 나 또한 남에게 피해를 주는 일을 참 싫어한다. 그래서 늘 다른 이에게 피해주지 않기 위해 노력하고, 나아가 내가 할 수 있는 한 타인에게 도움을 주기 위해 최선을 다한다.

나는 민간 영역에서 평생교육사로 활동하고 있다. 평생교육사는 평생교육 즉, 인간이 태어나서 죽음에 이를 때까지 전 생애를 아우르는 평생교육의 영역에서 평생교육 프로그램을 기획·진행·분석·

평가 및 교수 업무를 수행하는 전문가라고 말할 수 있다.

이러한 직업 특성상 나는 다양한 학습자를 만나 그들의 이야기를 경청하기도 하고, 문제해결을 위해 도움을 주기도 한다. 학습자들의 변화와 성장을 위해 나의 경험과 정보를 바탕으로 최선을 다해 도와주려 애쓰는데, 이럴 때 나의 오지랖은 긍정적 요인으로 작용한다.

평생교육사로 활동하는 현장은 다른 사람에 대한 관심과 배려가 무엇보다 중요한 곳이다. 그렇기에 이곳은 나의 오지랖을 십분 발휘할 최적의 무대라 할 수 있다.

2
'타인의 삶에서
나의 삶으로'

학창 시절의 나는 선생님의 말씀을 잘 따르는 모범생이었다. 비록 공부를 잘하지는 못했지만, 선생님들이 나를 예뻐하는 모습을 보고 친정엄마는 늘 신기해하시곤 했다. 당시 나는 선생님 뜻을 거스르지 않으려 애쓰며, 용모를 단정히 하고 매사에 성실하게 지냈다. 겁이 많고 소극적인 성격 탓에 다른 길을 고민할 여유도 없었고, 그저 순리대로 살아가는 것으로 충분하다고 믿었다.

대학은 점수에 맞춰 취업이 잘되는 곳으로 가면 된다고 생각했다. 대학 시절에는 적성에 맞지 않는 과목들도 많았다. 읽고 또 읽어도 무슨 말을 하는지 이해하기 어려운 내용이 많았고, 요즘처럼 인터넷이 보편화되지 않은 시대라 궁금한 점을 물어볼 곳도 마땅

치 않았다. 결국 시험을 준비할 때는 요약해서 외우는 방법밖에 없었다. 그 시절 대학 시험에서는 커닝이 흔하게 이루어졌지만, 나는 불안과 긴장 속에서 시험을 보는 것이 너무 싫었다. 그래서 이해하지도 못한 내용을 통째로 외워서 시험 볼 수밖에 없었다. 그러다 보니 점수가 잘 나올 수 없었다. 지금도 그때의 성적증명서를 제출할 일이 있을 때는 정말 창피하다. 하지만 그때의 나도 성실함만은 있었나보다 대학 수업에 땡땡이를 친 적이 한 번도 없었던 것을 보면 말이다.

노는 것도 성실히 놀았다. MT도 빠지지 않고 열심히 다니고, 그 시절 유행했던 나이트클럽도 부지런히 친구들과 다녔다. 그때의 나이트클럽은 요즘과 달리 음료권만으로 입장이 가능했으며, 열심히 춤만 추고 음료수 한 병 먹고 나오는 것이 다였다. 대학 시절은 이렇게 소소하게 친구들과 어울려 다니며 학과 공부에는 별로 뜻이 없었다.

졸업하고 나는 바로 기업체 연구소로 취업했다. 그 시절은 요즘과 달리 취업이 그리 어렵지는 않았다. 직장생활은 만족스러웠다. 여사원이 많지 않아 배려를 많이 받았고, CAD라는 전문적인 업무를 맡아 하게 되었다. 그러다 정식으로 CAD 팀이 생기며 팀을 옮기게 되었다. 나와 팀장을 제외하고는 모두 신입사원들로 팀원이 꾸려지다 보니, 어느새 내가 최고참이 되어 있었다.

그 시절의 일은 정말 재미있었다. 새로운 것을 배우는 것도 즐거웠고, 같은 나이 또래의 사람들과 어울리는 것도 좋았다. 업무량이 많아 야근이나 주말 출근이 잦았지만, 그 시간마저도 재미있게 일한 것 같다.

학교 졸업 후 처음 입사한 직장이 2년 만에 청주로 이전하며, 부모님 곁을 떠나 자취생활을 시작했다. 그러다 직장에서 지금의 남편을 만나 결혼하고 첫아이를 낳고 바쁜 맞벌이 생활을 이어갔다. 청주에서 직장생활을 하며 친정은 서울에 있다 보니, 육아를 도와줄 사람이 전혀 없었다. 그래서 이웃 아파트 주민에게 일정 금액을 내고 아이를 맡겼다.

결혼 전에도 물론 업무량이 많아 야근이나 휴일 근무가 다반사였는데, 결혼하고 아이가 있다고 해서 업무량이 크게 달라지진 않았다. 남편도 사정은 마찬가지였다. 이러다 보니 육아에 대한 부담은 갈수록 커졌고, 아이에게는 미안함이 쌓여갔다. 그렇게 2년 정도 지속되니 육아와 회사 업무에 지치고 말았다. 이즈음 IMF 외환위기로 온 나라가 충격에 휩싸이게 되었다. 나름 대기업이었던 우리 회사도 구조조정이라는 굴레를 벗어날 수 없었다.

육아와 업무에 지쳐 있던 나에게 명예퇴직자에게 주는 조건은 혹할 수밖에 없었다. 새로 구입한 아파트 중도금에도 도움이 될 것 같았다. 이렇게 자의 반 타의 반 회사에서 퇴직하고 보니 지금껏 아이에게나 남편에게 해주지 못했던 것들에 대한 미안함으로 온 정성을 들여 가정에 충실했다.

둘째가 태어나고 남편 직장이 다시 안양으로 이전하면서, 우리 집도 수원으로 이사를 했다. 그 시절의 나에게는 항상 가족이 최우선 순위였다. 매 순간 집안일과 아이를 잘 키우는 일에만 집중했다. 그때는 강남 엄마 교육법, 하버드대를 보낸 엄마의 수기 등을 읽으며, 우리 아이도 그렇게 키워보리라 생각했다.

딸아이가 초등학교를 입학하면서 같은 학부모들을 만나다 보니 내가 알지 못했던 다양한 교육 정보들을 접하게 되었다. 딸아이는 책 읽기를 좋아해서 이해력도 뛰어나고 나름 학교생활도 잘해 나갔다. 그러다 보니 아이에 대한 기대감이 커지면서, 나는 어느새 주변에서 '잘 가르친다'라는 학원들을 찾아다니는 헬리콥터 맘이 되어 있었다.

어느 날, 딸아이가 책을 읽고 싶은데 읽을 시간이 없다며 통곡을 한 적이 있다. 지금도 그 순간을 생각하면 가슴이 먹먹하고 눈물이 난다. 아마도 내가 잠깐 미쳤었나보다 너무 미안했다, 딸.

아이를 잘 키워보겠다는 내 생각은 딸아이가 초등학교 5학년이 되어 사춘기를 맞으면서 흔들리기 시작했다. 어느 날부턴가 지금까지 보지 못한 사납고 반항적인 눈빛을 보내는 딸을 보며, TV에서 보았던 학교 밖 문제아들이 생각나 두려움이 밀려왔다.

결정적으로, 딸아이가 친구와 주고받은 문자 내용에서 나를 악마처럼 보고 있다는 것을 알게 되었다. 마치 망치로 머리를 얻어맞은 것 같은 충격이었다. 이대로 두면 나와 아이의 관계가 어떻게 될지 너무나도 뻔해 보였다. 무서웠다.

그즈음 동네 지인이 학부모를 대상으로 자녀의 학습을 도와주는 방법을 알려주는 프로그램이 있으니 함께 가자고 제안했다. 나는 그곳에서 나의 고민을 해결할 수 있지 않겠느냐는 기대를 안고 프로그램에 참여하기 시작했다. 이것이 지금 나의 삶에서 큰 의미를 차지하고 있는 평생교육의 시작이었다.

처음에 내가 수업에 참여한 목적은 단순했다. 아이를 변화시켜 내가 원하는 방향으로 잘 키우겠다는 생각뿐이었다. 하지만 수업 회차가 거듭될수록 깨닫게 된 것은 예상 밖의 사실이었다. 문제는 아이에게 있는 것이 아니라 부모인 나에게 있었다는 것이다.

또한, 수업을 통해 아이와 내가 세상을 바라보는 방식이 다를 수 있다는 점을 인정하게 되었고, 부모인 내가 먼저 생각을 바꿔야 한다는 것을 배우기 시작했다. 수업 참여 전만 해도 외모나 성격이 나와 비슷한 딸아이는 생각도 비슷할 것이라 믿고 있었다. 하지만 이는 나의 착각이었다. 이러한 깨달음은 내게 신선한 충격으로 다가왔다.

수업이 마무리되고 나는 좀 더 배워야겠다는 생각이 들었다. 그래서 부모 교육이 열리는 곳을 찾아 부지런히 다녔다. 그즈음에는 함께 프로그램에 참여했던 동네 지인들이 하나둘 사라지고 혼자서 교육장을 찾아다녔다.

그전의 나라면 생각지도 못했을 일이었다. 혼자서 낯선 장소에서 낯선 사람들을 만나는 것을 극도로 싫어했기 때문이다. 이런 내가 2년여 기간 동안 부모를 대상으로 하는 다양한 평생교육 프로그램에 심취해서 부지런히 참여했다.

이렇게 참여했던 다양한 평생교육 프로그램 중 에니어그램을 공부하게 된 것은 나의 인생에 있어 새로운 출발을 하게 되는 계기를 마련해주었다. 부모 교육의 하나로서 기본과정을 마친 후 강사와 뜻이 맞는 몇몇 학생들이 함께 심화 과정을 약 1년간 별도로 운영하게 되었다.

이 과정에서 유형별 특징과 사례를 탐구하고, 행동의 원인에 대해 깊이 이야기하다 보니 나와 다른 사람들의 행동을 이해할 수 있게 되었다. 이러한 깨달음은 자연스럽게 가족을 대하는 나의 태도에도 변화를 가져왔다.

예전에는 아이들의 돌발행동이나 남편의 행동에 서운함을 느끼곤 했지만, 이제는 그들의 행동을 이해하려 노력하게 되었다. 물론 가끔은 다시 예전의 나로 돌아가 이성의 끈을 놓을 때도 있지만, 이전보다 빠르게 나의 잘못을 깨닫고 이성의 끈을 바로 잡았다.

아이들에게도 공부만 강요하지 않게 되었고, 좀 더 이해하려 노력했다. 이러한 나의 변화는 우리 가정에 긍정적인 변화를 불러왔다. 가족 간의 소통이 더 원활해졌고, 서로를 이해하려는 노력이 커지며 분위기가 달라졌다. 결국, 이런 변화가 바로 평생교육의 힘이 아닐지 생각한다.

이렇게 수년간 부모 교육에 참여하다 보니 어느새 '나는 누구?', '나는 왜 이런 행동을 했을까?', '나는 왜 그런 말을 했을까?', '나는 무엇을 하고 싶은가?' 등 나에 대해 생각하는 일이 많아졌다. 그전까지 나는 대학을 나오면 취업하고 결혼해서 아이를 잘 키우는 것이 인생의 순리며 목적이라고 생각했다. 그렇게 살아야만 한다고 생각했다. 그러나 부모 교육에 참여하며, 삶이 정해진 궤도대로만 흘러가는 것이 아니라 각자 고유의 색깔이 있고 모양이 있어 그러한 것들을 내가 만들어 갈 수 있다는 사실을 깨닫게 되었다.

　이러한 깨달음은 내게 많은 변화를 가져왔다. 나는 나 자신을 돌아보며 내가 가진 문제를 인식하고 그것을 해결하기 위해 노력하기 시작했다. 세상을 보는 관점이 이제는 가족이나 타인이 아닌 내가 먼저라는 것으로 변화되었다. 이 변화는 나의 삶을 대하는 태도에도 많은 변화를 불러왔다. 나를 더 깊이 이해하려는 노력은 삶을 좀 더 주체적이고 의미 있게 바라보는 계기가 되었다.

　이러한 생각을 하고 있을 즈음 '에니어그램' 강사로부터 본인의 기관에서 부모 교육 강사 과정이 있는데 나를 추천해 주겠으니 참여할 의사가 있냐고 물었다. 고민이 되었고 자신도 없었다. 경력 단절의 시간이 너무 길었기 때문이다. 회사를 그만두고 얼마 되지 않았을 때만 해도 1~2년 쉬고 다시 일하면 될 것이라는 생각이 있었다. 그러나 오래 일을 쉬다 보니 새로운 일을 시작하는 것에 걱정이 앞섰다. 하지만 내 인생에 뭔가 새로운 변화를 줘야 할 것 같았다. 먼저 가장 하고 싶은 것이 무엇인지 생각해 보았다. 뇌리에 가장 먼저 떠오른 것은 바로 공부였다.

어렸을 적 지겹도록 엄마에게 들었던 "공부해라"라는 말이 계속 마음 한편에 미련처럼 남아 있었나 보다. 이 기회를 놓치지 않고 방안을 찾기로 했다. 수년째 새해만 되면 방송대 입학을 알리는 광고를 보고 고민했었다. 어린아이들을 보며 매년 우선순위에서 밀어뒀던 것을 이번에는 나 자신을 위해 1순위에 둘 필요가 있었다. 큰 결심 끝에 한국방송통신대학교 교육학과 2학년에 편입했다. 교육학과를 선택한 이유는 단순했다. 아이를 키우는 것에 직접 도움이 되는 학문일 것이라는 생각 때문이었다. 또한, 부모 교육과 연계된 분야라는 점도 나를 끌어당겼다. 새로운 출발을 위해, 오랜 시간 묵혀두었던 열정을 다시 꺼내 들었다.

40대 중반에 다시 시작한 공부는 정말 재미있었다. 아마도 내가 스스로 고민하고 필요에 의해 선택해서 시작한 공부였기에 더 그랬던 것 같다. 함께 공부하는 동료들도 좋은 사람들이었다.

내가 속해있던 한국방송통신대학교 경기지역대학 교육학과에는 스터디 동아리가 잘 조직되어 있었다. 학년별, 스터디 참여 시간대에 따라 선택하여 가입할 수 있었다. 나는 주중에 참여할 수 있는 스터디 동아리에 가입하였는데, 어쩌다 보니 그해 새로 편입한 학생들로만 이루어진 동아리가 만들어졌다.

다들 늦은 나이에 새롭게 대학 생활을 한다는 점과 편입생으로 일반대학과 다른 방송대 시스템에 적응해야 한다는 공통점이 있어서인지 서로 정보를 공유하고, 의지하면서 학교생활에 빠르게 적응할 수 있었다. 이 시절 동기들과 함께 학습하며 목표를 이루기 위해 노력하는 과정은 단순히 학업 그 이상이었다. 우리는 서로를 격려하고 힘이 되어주었다. 이 경험은 나에게 학습의 즐거움뿐만 아니라 끈기와 협력의 중요성을 가르쳐주었다.

그 시절 몸에 밴 학습 습관과 끊임없이 성장하려는 태도는 지금의 내가 평생교육사로 활동하며, 박사학위까지 받을 수 있게 만든 원동력이 되었다.

3
나만의 루틴 속에서
얻는 즐거움

1) 단기 목표가 주는 힘

지금 나의 공부 습관은 방송대에서 공부하며 자연스럽게 습득한 것이 꾸준히 유지되며 형성된 것이라 할 수 있다. 방송대 동기들끼리 우스갯소리로 "아마 학창 시절에 이 정도로 공부했으면 서울대 들어갔을 거다."라고 말할 정도로 열심히 공부했던 것 같다.

방송대를 다니던 시기는 우리 집에서 경제적으로 가장 부담이 컸던 때였다. 아이 둘이 중학교와 고등학교에 다니며 학원비와 여러 지출이 많았다. 이런 상황에서 나의 학자금이라도 줄이는 것이 필요하다고 생각했다. 마침 방송대에서는 성적이 상위 5% 안에 드는 학생에게 전액 장학금을 지급하는 제도가 있었다. 그래서 나는 전액 장학금을 목표로 공부하기 시작했다.

전액 장학금을 받기 위해 내가 선택한 첫 번째 전략은, 학교에서 제공해 주는 교육 방송을 반복해서 듣는 것이었다. 기초를 다지고, 과목 내용을 철저히 이해하려는 노력이었다. 매일 오전, 아이들을 학교에 보낸 후 집으로부터 걸어서 40분 정도 거리에 있는 공원으로 산책하러 다녔다. 공원에 있는 호수를 한 바퀴 돌고 집으로 돌아오면 1시간 30분 정도 시간이 걸렸는데, 이 시간 동안 이어폰으로 교육 방송을 반복해서 들으며 공부했다.

오후 시간에는 아이들을 돌봐야 했기에 주로 오전 시간을 활용해 학업에 집중했다. 시험 기간에는 한 달 전부터 시험 계획표를 세워 실천해 나갔다. 그날그날 계획된 목표는 꼭 지키려 노력했다. 이러한 규칙적인 학습과 철저한 준비 덕분에 결국 목표로 세웠던 전액 장학금을 받을 수 있었다.

단기 목표를 세우고 그 목표를 성취하고 나니 학습에 대한 자신감이 붙기 시작했다. 또 뭔가 스스로 노력해서 이루어 냈다는 것은 삶을 주도적으로 살고 있다는 희열을 느끼게도 했다. 이러한 과정은 나의 인생에 또 다른 가능성을 열어주는 중요한 전환점이 되었다.

2) 성공의 짜릿함을 느껴라

3학년이 되면서 우리 스터디 동아리에 새로운 편입생이 들어왔다. 그 언니는 50대로, 대부분 30, 40대였던 우리 동기 중 가장 나이가 많았다. 하지만 나이는 숫자에 불과하다는 것을 보여 주는 듯, 굉장히 적극적이면서 긍정적 에너지를 뿜는 사람이었다. 학과 공부 밖에 할 줄 모르던 우리에게 사회 진출을 위한 다양한 방법을 제시하며 자격증 취득의 필요성을 강조하였다.

나를 포함해 대부분의 동기는 결혼과 육아로 인해 경력이 단절된 여성으로 사회 진출에 대한 열망을 마음속 깊이 품고 있었다. 그렇기에 편입생 언니의 이야기는 귀가 솔깃할 수밖에 없었다. 그래서 일단 학교 졸업 전에 국가자격증을 따기로 했다.

먼저, 직업상담사 2급을 목표로 동기들이 함께 공부하기로 했다. 직업상담사 1차 시험은 객관식 시험으로, 대부분 전액 장학금을 받을 정도로 열심히 공부하고 있던 우리들은 어렵지 않게 통과할 수 있었다. 하지만 2차 시험은 상황이 달랐다. 2차는 주관식 시험이었고 합격률이 그리 높지 않았다. 거의 책 한 권을 외워야 하는 부담이 있었기 때문이다. 그래서 2차 시험 준비를 위해서는 학원의 도움을 받는 사람들이 대부분이었다. 하지만 스터디 활동을 하며 학습 방법에 자신감을 느끼고 있었던 우리 동기 3명은 독학으로 자격증을 취득하기로 마음을 모았다.

우리는 시험 통과를 위한 전략을 세웠다. 워낙 공부 분량이 많기에 3~4일 분량으로 외워야 할 부분을 나누어 계획을 세웠다. 계획된 분량은 무조건 외우기로 했다. 일주일에 2~3번은 만나 제대로 계획대로 외웠는지를 확인하였다. 이러한 방식은 만약 사정이 있어 계획대로 분량만큼 외우지 못한 사람은 뒤처진다는 불안감으로 다음에 만날 때까지 좀 더 열심히 할 수밖에 없었다. 나는 매일 깜지 10장 이상은 쓴 것 같다. 볼펜 한 자루가 5일도 안 되어 닳아버리곤 했다. 아마 내 인생에서 가장 열심히 준비하고 열정을 쏟았던 시간이었던 것 같다. 마침내 이러한 노력은 직업상담사 2급 자격증 취득이라는 성과로 돌아왔다. 노력에 대한 성공은 짜릿했다.

이러한 성공에 대한 자신감으로 사회복지사 1급 시험에까지 지원했다. 방송대에서 사회복지사 2급 취득을 위한 일부 과목을 수강할 수 있었고, 모자란 과목은 타 기관에서 수강하여 자격을 취득하였다. 2급 자격 취득 후 바로 1급 시험 응시가 가능하였다. 결과는 성공이었다. 이 또한 동기들과 함께 스터디 하며 서로 격려하고 이루어 낸 성과였다.

이러한 경험들은 나에게 큰 자신감을 심어주었다. 무엇이든지 노력하고 열정을 쏟으면 못 할 것은 없다는 생각을 처음 하게 되었고, 그것은 이후 내 삶의 중요한 원동력이 되었다.

3) 좋아하는 일을 하며 천천히 성장하는 나

수원시에서는 매년 평생 학습 축제가 열린다. 이때는 다양한 평생 학습 기관, 단체, 학습동아리들이 참여하여 전시나 체험 프로그램을 운영한다. 방송대를 다니던 시절, 평생 학습 축제를 앞두고 동기 언니가 자원봉사를 함께하자는 제안을 해왔다. 동기 몇몇과 함께 방송대 경기지역대학 부스에서 학교를 홍보하는 역할을 맡았다. 그 이후로 방송대 재학 중에는 꾸준히 평생 학습 축제에 참여하여 자원봉사활동을 했다. 그 시절 방송대에서 위탁받아 프로그램 운영을 하던 단체가 지금 내가 활동하고 있는 평생교육 기관이다.

방송대 교육학과를 다니고 있던 나는 4학년 초에 평생교육사 자격증 취득을 위한 현장실습을 해야만 했다. 평생교육사 자격을 얻기 위해서는 지정된 필수 및 선택과목을 이수하고, 160시간의 현장실습을 완료해야만 한다. 우리 스터디에서는 축제를 통해 인연이 닿았던 기관에서 함께 실습을 진행하기로 했다. 현장실습은 이론적으로만 알았던 평생교육사의 역할을 간접적으로 체험해 보는 시간이었다.

나는 실습이 끝난 후에도 일이 있을 때마다 자원봉사자로 참여하고, 기관에서 주관하는 평생 학습 프로그램에도 참여하며 기관과의 연을 이어갔다. 나의 이런 적극적인 참여가 긍정적 역할을 했는지, 관계자로부터 함께 일해보자는 제의를 받게 되었다. 오랜 시간 주부로만 지내다가, 드디어 의미 있는 일을 할 수 있게 된 것은 정말 기쁜 일이었다.

우리 단체는 직원 1명 이외에는 모두 무보수로 활동하는 비영리 민간단체이다. 대표님도 무보수인 것은 매한가지다. 내가 활동을 시작할 당시에도 최저시급이 안 되는 급여를 받는 간사 이외에는 모두가 무보수 활동가들이었다. 비영리민간단체이다 보니 수익 구조를 가지기 어렵고, 평생교육의 가치를 중요시하는 구성원들의 특성상 이윤을 추구하는 사업을 우선순위로 두지 않기 때문이다. 우리는 우리가 즐겁게 일할 수 있는 비결이 아마 보수를 받지 않기 때문에 진정성을 가지고 즐겁게 일하는 것은 아닐지 추측할 뿐이다. 정확한 이유를 알기 위해서는 연구가 필요할지도 모른다. 그러나 우리에게는 보수를 뛰어넘는 무엇인가가 있는 것 같다.

지금껏 보수 없이 활동을 유지하는 이유는 평생교육이라는 가치를 실천하고 있다는 자부심과 더불어 나 자신이 지속적으로 성장하고 있다는 사실 때문이다. 비록 느리게 성장하고 있지만, 그 성장이 지금까지의 노력이 모두 옳았음을 증명해주는 것 같아 안도감을 느낀다. 또한, 앞으로 나아갈 길을 안내해주는 것처럼 느껴져 설레기도 한다.

4) 하고 싶은 일은 일단 시작하자

　　방송대에는 진짜 열심히 공부하는 학생들이 많다. 졸업하고도 다른 학과에 다시 편입하여 공부를 계속하는 사람들이 꽤 많다. 시험의 형태도 중간시험은 출석 수업과 시험 또는 과제를 제출하는 방식으로 진행된다. 기말시험은 교과서의 모든 내용을 골고루 다루는 문제들로 구성되기 때문에 공부를 게을리할 수 없다. 이러한 까다로운 과정 덕분에 방송대에는 스터디와 같은 학습동아리가 여럿 있어 함께 학습하고 정보를 공유하며, 성장하는 문화가 자리 잡게 되었다.

　　방송대 생활을 통해 얻게 된 학습에 대한 자신감은 대학원 진학에 대한 꿈을 가지게 했다. 방송대 입학 초반에만 해도 선배들이 대학원 진학에 관해 이야기하면, 나 같은 사람이 어떻게 대학원에 가나 하는 생각이 먼저 들었다. 적은 나이도 아니었고, 대학원 공부를 따라갈 자신도 없었다.

　　그러나 졸업할 무렵에는 방송대에서 쌓은 학습 노하우와 전액 장학금을 받았던 경험이 대학원 진학에 대한 두려움을 없애주었다. 그럼에도 늦은 나이에 공부해도 괜찮을지, 아이들이 한창 공부할 때인데 내가 이렇게 해도 되는지 걱정이 앞섰다. 그러나 가장 결정적인 계기는 내가 활동하던 기관의 대표님과 먼저 대학원에 진학한 동료들이었다. 그들의 모습을 보며 나도 대학원에 진학해야겠다는 결심을 하게 되었다.

방송대 시절에도 나는 '한 살이라도 어릴 때 입학했으면 좋았을 텐데'라는 생각을 자주 했다. 몇 년 동안 입학을 고민했던 시간이 많이 후회되었다. 그래서 더 이상 후회하고 싶지 않았다. 하고 싶은 일이 있으면 일단 시작해 보자고 결심했다. 중간에 포기하는 일이 있더라도 일단 시작은 해보자는 마음이었다. 이렇게 생각하고 나니 더 이상 미룰 필요가 없었다. 집에서 멀지 않은 근처 대학에 평생교육계에서 명망 있는 교수님이 계신다는 정보를 얻고 제대로 공부를 해보겠다는 욕심이 생겼다. 그래서 대학원에 원서를 넣었고, 다행히 합격했다.

막상 입학하고 보니 학부 때보다는 과목 수가 적어서인지 학업에 대한 부담은 크게 느껴지지 않았다. 그 대신 새로운 영역의 사람들을 많이 알게 되었다. 우리 학교에는 교수님 명성 덕분인지 모르지만, 지자체에서 근무하는 평생교육사들이 많이 진학해 있었다. 나의 대학원 동기 중에서도 학기 중간에 취업한 사람까지 치면 3명이나 지자체 평생교육사였다. 선후배 중에서도 다양한 평생교육 영역에서 평생교육사나 강사 등으로 활동하는 사람들이 많았다. 이렇게 학연으로 만난 사람들은 현재 민간 영역에서 평생교육사로 활동하는 데 큰 도움이 되고 있다. 대학원은 전공을 깊이 있게 탐구할 뿐만 아니라, 같은 분야의 전문가들과 네트워크를 형성할 수 있다는 장점이 있다. 따라서 대학원 진학을 고민하는 사람들은 이점을 신중하게 고려할 필요가 있다.

　나는 석사과정을 졸업한 후 바로 박사과정 진학을 준비했다. 학부를 졸업하고는 대학원 진학을 고민했지만, 박사과정 진학은 당연히 해야 하는 과정으로 생각이 되었다. 서둘러야 했다. 나이가 더 들기 전에 해결해야 하는 큰 숙제처럼 느껴졌기 때문이다.

5) 집중할 수 있는 나만의 공간

　방송대와 자격증 공부를 하면서 생긴 공부 습관은 석사와 박사논문을 쓰는 동안에도 계속 유지되었다. 단기 목표를 세우고 그것을 이루기 위해서는 성실함과 끈기도 있어야 하지만 집중할 수 있는 환경이 우선 조성되어야 한다. 방송대 시절에는 큰아이가 사용하던 독서실용 책상이 있어 거실 구석에 배치하고, 자그마한 책장을 옆에 두어 나름 나만의 공간을 꾸며 사용했다. 그때는 아이들이 학교에 가고 돌아오기까지 짧은 시간 안에 공부해야 했기에 집중이 좀 더 쉬웠던 것 같다.

　하지만 현재는 낮 동안 일을 하고, 퇴근 후 집에서 논문을 준비하기란 쉽지 않았다. 다른 사람들은 "집에서 하면 되지 왜 고민하느냐."라고 하지만 나에게는 집중하기 위한 장소로 집은 장애요인이 너무 많았다. 일단 노트북 앞에 앉기도 쉽지 않았다. 어쩜 그렇게 해야 할 일들이 눈에 띄는지 정리할 것도 많고, 평소에 자주 하지 않던 집안일들이 나를 유혹했기 때문이다. 또 이제는 엄마 손이 많이 필요치 않은 아이들이지만 신경이 쓰이는 건 어쩔 수 없었다. 석사 논문을 쓸 때는 학과 학생들을 위한 소규모 학습실이 있어 장소 고민을 하지 않아도 되었지만, 박사논문을 쓸 시기에는 장소에 대한 고민이 많이 되었다. 일단 집이 아닌 적당한 곳을 찾아야 했다. 낮에는 근무해야 했기에 사무실 근처가 좋을 것 같았다. 경제적으로도 부담이 없어야 했다.

박사 동기 중 같은 지역에 살고 있는 이가 있다. 그녀는 나와 비슷한 시기에 비영리 민간 단체에서 함께 평생교육사로 활동을 시작했으며, 박사과정 진학에 대해 함께 고민하다 같은 학교에 입학하여 동기가 되었다. 이 동기와 함께 장소 문제를 논의하다가 사무실 앞에 있는 공유사무실을 각자 임대해 사용하기로 했다. 내 사무실은 1인용으로 책상과 의자 하나가 겨우 들어갈 수 있는 공간이었지만, 나만의 공간을 갖는다는 것이 참 좋았다. 집에 있는 데스크탑과 모니터 두 대를 가져와 연결했다. 전 입주자들이 버리고 간 책장도 얻어와 논문자료들을 정리하고나니 뿌듯했다. 정리가 어느 정도 되고부터는 퇴근 후 시간 대부분을 나만의 공간에서 지냈다. 주말에도 오후에는 그곳에서 보내려 노력했다.

논문을 먼저 완성한 선배는 "논문은 곰국이다."라고 말했다. 이는 단순히 '논문'을 거꾸로 읽으면 '곰국'이라는 이유도 있지만, 곰국을 끓이듯 오랜 시간과 꾸준한 노력이 필요하다는 의미에서일 것이다. 박사과정을 마치고 논문을 완성한 지금, 그 말에 깊이 공감하지 않을 수 없다. 적지 않은 나이에 시작한 박사과정에서 최종 결과물인 논문을 잘 마무리할 수 있었던 비결은, 누구에게도 방해받지 않는 나만의 공간과 스스로 정한 나만의 룰을 철저히 지키려는 노력 덕분이었다. 이는 마치 곰국을 끓이는 과정과도 같다. 충분한 시간과 꾸준한 노력, 그리고 집중력을 들인 끝에 얻어낸 값진 결과물이기 때문이다.

6) 동료가 주는 힘

학업적 성과를 이루는데 나만의 습관을 만들어 가는 것도 중요하지만, 함께 할 수 있는 동료가 있다는 것은 큰 행운일 것이다. 방송대 시절 함께 미래를 꿈꿨던 동기들이 없었다면, 지금의 나는 좀 다르게 살고 있지 않을까 싶다. 힘든 과정을 혼자 집중해서 진행하다 보면 때때로 게으름 병이 도지기도 하고, "지금, 이 나이에 내가 왜 이렇게 고생하고 있을까?"라는 생각이 끊임없이 솟구쳐 나온다. 이럴 때, 같은 고민을 공유할 수 있는 동료와의 대화는 큰 위로가 되며, 다시 시작할 수 있는 원동력이 되기도 한다.

요즘 석사과정에서는 졸업을 위해 논문을 쓰지 않고 졸업시험이나 보고서 등으로 논문을 대체하는 경우가 많지만, 그 시절 우리 학과는 논문을 쓰고 졸업하는 것이 당연한 것처럼 인식되었다. 그 래서 동기들과 함께 논문을 어떻게 쓰는지, 그 형식은 무엇인지 등 기초부터 준비하기 시작했다. 그중 같은 지역에 살면서 방송대 동 기였던 친구와 함께 학교 학습실에서 논문이 마무리될 때까지 몇 개월 동안 아침부터 저녁까지 7~8시간을 함께 보냈다. 그 친구는 나와 성격이 비슷하고 꾸준하며 성실한 친구였다. 지치고 피곤해 서 학교 가기 귀찮을 때도 함께하는 동료가 기다리고 있다는 것을 알기에 학교에 가야만 했다. 또 논문을 처음 접하다 보니 그 형식 이나 방법에 대해 함께 고민하고 해결하다 보니 더욱 친밀해질 수 밖에 없었다.

아침부터 책상에 앉아 노트북과 자료를 가지고 씨름하다 보면 뇌에 과부하가 걸려 더 이상 진행이 어려운 상황이 발생하기도 한 다. 그럴 때는 과감하게 자리에서 일어나 산책 등을 통해 뇌를 환 기할 필요가 있다. 또 논문을 진행하다 보면 벽에 부딪히는 순간도 많아 어떻게 해결해야 할지 고민하며 밤잠을 설치고, 하루 종일 일 도 손에 잡히지 않는 때도 있다. 이러한 문제를 함께하는 동료가 해결해 주지는 못하지만, 같은 경험을 하는 동료와의 대화는 나의 마음을 다스리기에, 충분한 촉진제가 된다.

박사논문을 쓰는 과정에서도 마찬가지였다. 좁은 공간에서 자료 와 씨름하다 보면 어느새 3~4시간이 훌쩍 지나가곤 했다. 그런 날

들이 이어지면서 어깨, 허리, 다리의 근육이 서서히 지쳐가는 것을 몸소 느꼈다. 결국 건강을 위해서라도, 그리고 피폐해진 정신을 회복하기 위해서라도 잠시 멈추고 쉬어가는 시간이 꼭 필요했다.

그럴 때 산책이나 맛집 탐방을 핑계 삼아 동기와 한 시간 남짓 짧은 시간을 보내며 나눈 수다는 그 순간에는 의미 없어 보였지만, 돌이켜보면 논문을 완성하는 데 큰 힘이 되었다. 자주 만날 수는 없었지만, 각자의 지역에서 논문을 쓰며 전화로 서로에게 힘을 북돋아 주던 동기들 또한 내게 없어서는 안 될 존재였다. 그들의 응원과 격려가 없었다면, 나의 논문 쓰기는 마무리가 쉽지 않았을 것이다.

논문이 통과되고 나서 만난 후배들은 논문을 잘 쓰는 노하우에 관해 이야기해 달라고 한다. 그럴 때마다 나는 함께 논문을 쓰는 동기가 주는 힘이 가장 크다고 강조한다. 박사학위 취득이라는 큰 산을 넘는 과정에서 평생 잊지 못할 4명의 동기를 얻었다는 것은, 내 인생의 가장 큰 행운이 아닐지 싶다.

4

꾸준함이 주는
성장 공식

'일만 시간의 법칙' 개념을 주장한 안데르스 에릭슨은 뛰어난 바이올린 연주자들을 대상으로 한 연구를 통해 그들의 성공을 결정짓는 요인이 타고난 재능보다는 20세까지 이뤄진 평균 1만 시간의 훈련임을 밝혀냈다. 이는 매일 3시간씩 약 10년을 꾸준히 노력한다면 누구나 전문가가 될 수 있음을 보여 준다.

우리 가족들에게 엄마는 항상 바쁜 사람이다. 또 뭔가 몰두하고 일을 할 때 엄마는 건드리면 안 되는 사람으로 여겨진다. 그래서 우리 집은 내가 없어도 잘 먹고 잘산다. 이제는 식사를 준비할 때도 각자 맡은 역할이 있다. 일찍 집에 들어오는 사람이 식사 준비를 시작한다. 대부분 대학생인 둘째가 물을 올려놓는다거나 간단한 준비 작업을 한다. 고기를 굽거나 밀키트일 경우는 직접 조리도 한다. 그다음에는 퇴근한 딸아이나 내가 마무리한다. 이렇게 네 식구가 옹기종기 모여 식사하고 나면, 남편이 뒷정리를 담당한다. 내가 식사 준비를 할 수 없는 경우가 많아지니 자연스레 알아서들 잘 차려 먹는다. 가장 적응이 어려웠던 사람이 남편이었는데 자신도 어쩔 수가 없던지 백 선생 레시피를 보며 하나둘 요리를 하기 시작했다. 내가 공부를 시작하고 늦은 나이에 학업과 일, 특히 논문을 쓰며 성과를 이뤄내기 위해 얼마나 노력했는지 우리 가족들은 안다. 그래서 내가 박사학위를 받고 나니 참 대단하다고 진심으로 인정해 주었다.

경력이 단절된 채 육아와 살림만 하고 있던 내가 방송대에 편입한 이후 박사학위 취득까지 10년이란 세월이 걸렸다. 그동안 정말 평생교육이라는 영역에서 꾸준하면서 조급해하지 않고 천천히 활동했다. 그 여정은 함께 활동했던 사람들 덕분에 즐겁고 보람찼으며, 무엇보다도 내가 속도는 느릴지라도 성장하고 있다는 사실이 큰 원동력이 되었다.

이제 학업을 마무리하며 자신감도 생겼고, 주변에서도 나를 인정해 준다. 하지만 여기까지 오는 길은 절대 쉽지 않았다. 적지 않은 나이와 때로는 한걸음 물러서게 만드는 건강 문제, 그리고 아이들의 대학 진학처럼 나의 공부와 활동보다 우선시 되는 것들이 나를 멈춰야 하는 것이 아닌지 깊은 고민에 빠지게 했다.

하지만 그러한 고민 끝에 내린 결론은 "일단은 멈추지 말고 천천히 가보자."라는 것이었다. 거창한 목표를 세우기보다는, 지금 내가 하고 싶은 일, 지금 하지 않으면 후회할 일에 집중하며 새로운 도전을 이어갔다. 지금의 박사학위 취득과 평생교육 현장에서의 성과는 거대한 목표에 집착하기보다는 나에게 집중하면서 서두르지 않고 꾸준하게 그 과정을 지나온 결과라고 생각된다.

만약 누군가 지금 하고 싶은 일이 있는데 망설이고 있다면, 나는 주저하지 말고 시작해 보라고 말해주고 싶다. 선인들이 늘 이야기했던 "시작이 반이다."라는 말은 결코 헛된 말이 아니라고 믿는다. 꾸준히 노력하고 있다면, 그것은 내가 성장하고 있다는 분명한 증거다.

천천히라도 꾸준히 무엇인가에 집중하며 노력하고 있다면, 그것만으로도 충분히 가치 있는 일이다. 그러니 스스로를 격려하자. 내가 선택한 길이 틀리지 않았다고, 그리고 지금의 노력이 앞으로의 성장을 이끌어 줄 것이라고 자신에게 응원의 메시지를 보내자.

3장

배움과
격려로 키운
성장 습관

·

·

·

1
진짜 좋아하는 것
찾기

1) 소년, 전학생이 되다

아파트 하나 없던 시골 마을에서 자란 소년. 어린시절 일차선 도로 옆으로 나열해 있던 집 사이사이를 뛰어다니며 물총놀이하고 여름에는 강에서 수영하던 아이. 그리고 한 학년에 한 학급 뿐이었던 (당시)국민학교에서 친구들과 생활하고 학교 앞에 있던 문방구 가게에서 200~300원 하던 떡볶이 사먹는 게 낙이었던 어린이. 이런 기억이 어린시절하면 떠오르는 내 모습이다.

그렇게 태어나서 자랐던 곳을 4학년 2학기에 떠나게 됐다. 아버지께서 새로운 사업을 하기 위해 할아버지 할머니가 계신 고향에서 이사를 해야 했기 때문이다. 지금 생각해도 전학이 너무너무 싫었던 기억이 난다. 태어나서 한 번도 헤어지지 않았던 친구들, 날마다 함께 놀고 수영했던 친구들인데 떠나야 한다니 믿을 수 없었다. 오죽했으면 방학마다 고향으로 가서 친구들과 수영할 정도였으니….

새로운 학교에서의 적응은 쉽지 않았다. 일단 기존에 있던 아이들끼리 또래 그룹이 형성되어 있었고 학년에 2개뿐인 학급이라 분위기가 크게 달라지지 않았다. 전학을 와서 확실하게 자리 잡으려면 인기 좋은 외모나, 뛰어난 공부 실력 또는 운동 실력 등 뭔가 있어야 했는데 그런 것은 하나도 없었다. 어중간한 상태의 전학생으로 적응은 어려웠다. 그렇게 그 친구들과 중학교까지 함께 진학하니 학교생활도 재미있었다는 기억이 없다. 공부도 그랬고…. 그러다 더 좋은 학습 환경을 위해 집과 멀리 떨어진 기숙형 고등학교로 진학하였지만, 한 번에 대학 입학이 되지 않아 재수하게 되었다.

2) 잘하고 싶은 마음

그런데 참 신기한 것이 학창 시절 학교나 교우관계 적응이 쉽지 않았음에도 불구하고 공부에 대한 끈은 놓지 않았다는 점이다. 고등학생 시절 고교 교사인 친척분께서 가끔 문제집을 가져다

주시곤 했다. 최근 뵐 기회가 생겨 20년도 더 된 그때 이야기를 들려주셨는데 '나는 문제집을 받고 그렇게 좋아하는 학생을 본 적이 없는데 네가 그렇더라. 얼마나 좋아하는지. 그러니까 더 주고 싶더라.'라며 옛날이야기를 해주시는 게 아닌가. 그때 내가 좋아했었는지 어땠는지 기억 없이 그저 쑥스러워했던 생각만 나는데 그렇게 좋아했다고 말씀해 주시니 신기했다. 그러고 보면 공부에 대한 의지만큼은 꺾이지 않았던 모양이다. 잘하지는 못했지만, 잘하고 싶다는 의지 말이다.

학창 시절 내내 장래 희망은 의사, 한의사였다. 위인전에서 본 아프리카 봉사와 희생의 삶을 산 슈바이처처럼 나도 훌륭한 의사가 되겠다고 생각했다. 그래서 장래 희망 조사서에 늘 의사를 썼다. 그런데 고3이 되고 수능시험이 눈앞에 다가오니 현실을 직시하게 되었다. 지금의 실력보다 훨씬 더 나은 성적을 받아야 하는 현실. 게다가 온종일 환자를 만나야 한다고 생각해보니 도저히 내 적성에 맞지 않는다는 생각에 이르렀다. 그러자 본격적인 고민이 들었다. "나는 뭘 해야 하나?"

3) 내가 진짜 좋아하는 게 뭘까?

내가 뭘 할 때 가장 즐거워하는지, 내가 평생 해도 괜찮겠다고 생각하는 것을 본격적으로 생각한 것은 재수 시절이다. 그 당시에는 지금의 진로 교육 개념이 없었고 시골에서의 진로 교육은 그저 주변 지인들의 직업을 보고 듣는 것이 전부였다. 재수하면서 비로소 내가 좋아하는 것이 무엇인지 본격적으로 생각하기 시작했다. 그러면서 내가 잘 아는 것을 (그것에 대해) 잘 모르는 사람에게 전해주고 상대방이 이해하는 모습을 보면 뿌듯해하는 나를 발견하였다. 그래서 가르치는 것과 관련된 직업을 찾다 보니 아는 것이라고는 교사밖에 없었다. 지금처럼 다양한 분야에서 활동하는 전문 강사 같은 일은 생각해 본 적이 없었기에 늘 봐오던 선생님으로 꿈을 구체화하였다.

교육이라는 철학적인 개념보다는 그저 조금 더 쉽고 재미있게 가르쳐 주는 것에 재미를 느꼈다. 그런데 가르치는 것을 잘하기 위해서는 먼저 잘 배우는 것이 중요하다는 것을 점차 깨닫게 되었다. 내가 제대로 알지 못하면서 어떻게 가르쳐 줄 수 있겠는가? 그렇게 배움의 여행이 시작되었다.

2
잘하고 싶은
마음

1) 마음만은 우등생

학창 시절 나는 공부 잘하고 싶은 학생이었다. 잘하고 싶은데 어떻게 공부해야 하는지 잘 모르는 학생. 1등 옆을 맴돌며 기술이나 비법 공책을 빌려보려고 하는 학생. 나만의 비법이나 체계적인 방법 등은 없었다. 대신 근거 없는 자신감으로 영어만큼은 잘할 수 있을 것 같은 마음이 있었다. 당장 영어 능력이 뛰어나지 않았지만 앞으로 잘할 수 있다는 마음. 그렇다고 어학연수를 다녀오거나 영어 과외를 하던 것도 아니었다. 단지 초등학교 고학년부터 중학교 시절 내내 오전 6시 라디오 영어 프로그램을 종종 들었던 것

이 다였다. 그런데도 신기하게 영어만큼은 잘할 수 있다는 마음이
있었다.

2) 처음 느낀 공부 재미

공부를 본격적으로 한 것은 재수 시절이다. 지금은 자립형
사립고등학교가 된 모교에서 기숙하며 공부에 매진했지만, 그때
는 공부하는 방법을 잘 몰랐다. 공부 잘해서 사관학교와 의대 등으
로 진학하는 친구들은 자신만의 방법으로 공부했지만 나는 딱히
나만의 방법이 없었다. 고등학교 1학년 1학기 때 일이다. 국사 시험
을 봤는데 거의 다 틀린 게 아닌가. 그래서 기숙사 옆자리에서 공
부하는 친구에게 국사 공부는 어떻게 하느냐고 물었더니 그 친구
가 국사책을 10번 읽으라고 했다. 나는 그때, '아, 국사 공부는 10번
읽어야 하나 보다'라고 막연히 생각했다. 그래서 10번 이상 읽으면
서 기말고사 준비를 했더니 정말 만점을 받았다. 그렇게 1학년 2학
기 국사는 전교 2등을 했던 기억이 난다. 10번 읽는 게 왕도가 아닌
데 요령 없고 방법도 모르니 무작정 그렇게 했었다. 그렇지만 나는
'아, 공부에도 방법이 있구나. 방법을 알고 공부하면 나도 할 수 있
구나.' 라고 생각했었다.

3) 공부 주도권은 나에게

고등학교 시절 국사처럼 무작정 공부해서 다행히 좋은 결과를 얻은 과목도 있었지만, 전혀 관심 없고 마음도 가지 않는 과목이 있었는데 독일어가 그것이다. 고등학교 제2외국어로 독일어를 배웠는데 지금도 독일어는 Guten Tag(안녕하세요, 오전 10시 이후), Guten Morgen(안녕하세요, 오전 10시 이전) 이 정도 밖에 모른다. 친구들은 독일어 공부하기 쉽다며 변화되는 규칙만 외우면 된다는데 나는 이해가 안 되었다. 왜 그걸 외우고 있어야 하는지. 머리로도 이해가 안 되고 마음으로도 하고 싶지 않았다. 그래서 그냥 공부하지 않았다. 고등학교 시절 내내 독일어 공부는 하지 않았다. 그랬더니 독일어 점수는 바닥이지만 독일어에 대한 미운 마음은 없었다. 그렇게 공부하지 않을 때도 이런 생각은 했다. '내가 원하는 것은 공부하지만, 원하지 않는 것까지 하면서 공부 자체를 싫어하지는 말자.'라고.

그렇게 원하는 과목, 관심이 있는 과목만 공부하면서 고3이 되고 수능시험을 보았다. 솔직히 고3 수능성적은 기억나지도 않고 어떤 대학을 지원했는지도 기억에 없다. 왜냐하면 당시 진학은 선생님들께서 제안하는 학교를 지원하는 것이 일반적이었고 내가 지원하는 형식은 아니었기 때문이다. 내 기억에는 담임 선생님께서 집 근처 공대에 가면 좋겠다고 말씀하신 기억이 있다. 다른 친구들은 원하는 대학교, 서울에 있는 대학, 수도권에 있는 대학으로 가는 걸 보면서 재수해야겠다고 생각했다. 재수는 하고 싶었지만 제대로 학원에 다녀본 적도 없어서 어떻게 해야 할지도 몰랐고 막막했다.

마침, 전국적으로 인터넷 강의가 시작되는 시점이었고 인터넷 강의에 대한 호기심과 신뢰에, 집에서 혼자 재수하기로 마음먹었다. 그러기 위해서 가장 필요했던 것은 컴퓨터와 인터넷. 컴퓨터는 당시 컴퓨터를 전공한 고종사촌 누나가 직접 사서 설치까지 해 주었다. 또 인터넷을 연결하기 위해 기사님께서 꽤 고생하셨던 기억이 난다. 그렇게 시골 마을 집에 나만의 공부방이 마련되었다.

장소는 마련되었는데 앞으로 어떻게 해야 할까? 뭔가 막연하고 막막할 수 있는 상황이지만 기분이 좋기도 했다. 왜냐하면 수많은 인터넷 강의 중에서 나에게 맞는 강사의 강의를 원하는 시간에 들을 수 있다는 생각 때문에. 게다가 내가 컨디션이 안 좋거나 이해를 못 하면 언제든지 중단하고 다시 듣거나 다음에 들어도 된다는 마음에 마치 내가 주도권을 잡고 공부할 수 있다는 기분이 들었다. 물론 내가 무너지면 모든 것이 허사지만 내가 계획대로만 잘하면 해낼 수 있을 거라는 확신이 있었다.

재수 시절을 거치면서 더 분명해지는 것은 내가 원하는 것을 할 때 즐겁다는 것, 나에게 주도권이 있는 학습이 재미있다는 점이다. 주도권은 학습하는 동안 학습을 지속할 수 있도록 도와주는 동기부여가 되고 내가 무엇을 학습할지 선택하는 데도 중요한 요소였다.

3
성장하고 싶은
마음

1) 변함없는 지지의 힘

　　살아온 배경이 어떤지를 모두 설명할 수 없지만 분명한 것
은 부모님의 사랑과 지지만큼은 변함없었다는 점이다. 사회적 지
지란 뒤르켕이 제안한 '사회적 지지 이론'에서 제안된 이론으로 사
회 안에서 다양한 인간관계를 통해 받을 수 있는 물질적, 정보적,
정서적 지원을 의미한다. 내 경우는 특별히 부모님을 통한 정서적
인 지원을 확실하게 받았다고 말할 수 있다. 부모님께서 나 때문에
실망했거나 나를 미워했거나 나를 싫어했다는 인상을 받았던 적은
단 한 번도 없다. 부모님께서 나를 끔찍이 사랑하기도 하셨겠지만,

그보다는 현실적으로 바쁜 부모님임에도 불구하고 자녀를 향한 지지는 항상 '변함없었다'라고 말하는 게 더 적절하다. 적어도 내가 느끼기에는 그 마음이 변함없었다. 이런 지지가 나에게 어떤 영향을 주었는지 살펴보면, 첫째, 내가 어떤 일을 해도 괜찮다는 '안정감'을 주었다. 내가 그 일을 못 하든, 잘하든 부모님은 나를 사랑하고 응원하신다는 확신이 내 마음에 있었다. 이런 어린 시절의 경험 덕분인지 나는 세상이 무섭지 않았다.

둘째, '무엇이든 도전하자.'라는 마음이 생겼다. 새로운 일을 할 때나 사람을 만날 때 두렵지 않았다. 나를 향한 변함없는 사랑이 언제나 그 자리에 있음을 알고 있으므로 실패를 경험하거나 잘못된 일이 생기더라도 나에게 주는 영향이 크지 않았다. 변함없는 사랑의 존재가 있다는 것이 얼마나 큰 힘이 되는지 경험했다.

셋째, '지속할 힘'을 얻었다. 어떤 일이든 그 과정이 항상 좋을 수는 없고 그만두고 싶을 때가 있다. 그럴 때마다 내가 충전할 수 있는 대상이 있는데 바로, 부모님이었다. 늘 부모님에게 가서 어리광 부리고 떼도 쓰면서 하기 싫다고 하면 부모님은 내가 듣고 싶은 말씀을 해주셨다. "힘들면 그만해도 되, 그만하고 좀 쉬어."라고. 그런데 오히려 이런 말을 들으면 '이제 그만'이라는 생각보다 '다시 시작'이란 마음이 들었다.

대신 '지금 하는 공부는 내가 원해서 하는 공부지 부모님이 시켜서 억지로 하는 공부는 아니다. 그러니 하고 싶을 때 하고, 하기 싫을 때는 그만해도 된다. 내가 선택해서 할 수 있는 일이다.'라고 생각했다.

2) 선택은 내가 하는 것

지속해서 성장할 수 있도록 도와준 습관 중 하나는 하기 싫은 것은 하지 않는 습관이다. 바꿔 말하면 해야 할 일, 하지 않을 일에 대한 선택권을 나에게 준다는 의미이다. 어린 시절 돌이켜보면 내가 원하는 과목은 공부하고 내가 원하지 않는 과목은 공부하지 않았던 것, 잘하고 싶은 과목을 열심히 했더니 좋은 결과가 나왔던 것, 이런 것들이 스스로 할 수 있는 마음가짐을 만들어 주었던 것 같다. 교육심리학자인 짐머만은 이와 관련하여 '자기조절 학습 능력'이라는 개념을 제시하는데 학습 상황을 분석하고 목표를 만드는 것, 전략을 세우고 통제하는 과정이 중요하다고 보았다. 내 경우를 보면 목표설정, 전략과 통제 등의 모든 과정을 주도적으로 하게 되니 더 지속해서 할 수 있었다고 생각한다.

특히 영어에 대한 부분이 자기조절 학습 능력을 키워주는 데 긍정적 영향을 주었다. 국민학교 시절 영어를 따로 배운 적이 없었다. 단지 라디오 팝송 교육 프로그램을 재미 삼아 들었다. 그러다 팝송을 흥얼거리고 유창하게 한 문장을 구사하는 것이 멋있게 보여 매일 듣겠다고 다짐했다. 물론 매일 듣지 못하고 아침 6시에 라디오를 켜주시는 부모님만 고생하셨지만 말이다. 그런 시간과 경험이 쌓여가며 내가 영어를 잘 배우고 있다는 마음, 좋아하는 것을 하고 있다는 생각을 했다.

영어를 누가 시켜서 하는 것이 아니라 내가 원하는 것만 선택해서 하다 보니 중학생이 되어서도 여전히 영어를 좋아하는 학생이었다. 물론 중학교 내신 시험은 나의 기대와 완전히 달랐다. 교과서를 외워야 하는 시험과 팝송을 흥얼거리는 내 실력과는 넘을 수 없는 벽이 존재했다. 그런데도 영어를 싫어하지 않았던 이유는 내가 좋아하는 부분을 계속했고 결과에 대해 뭐라고 하는 사람이 없었기 때문이다. 시험성적은 좋지 않았지만, 영어 자체에 대한 마음이 사라지게 만드는 것은 없었다. 그러다 보니 시험은 시험이고 영어는 영어라는 마음이 조금 생겼다.

이건 고등학교와 수능 준비에서도 마찬가지였다. 단어를 외우는 건 좋았지만, 문법을 따로 공부한 적은 없었기에 문법이 약했지만, 문법을 다시 공부하고 싶지는 않았다. 무작정 외워야 하는 문법을 하다가 영어까지 싫어질 것 같아서 수능에 나오는 문법 문제를 맞힐 최소한만 하고 내가 잘하고 좋아하는 듣기와 독해 위주로만 공부했다. 물론 문법을 계속 공부하지 않은 것은 아니다. 나중에 영어 공인 점수를 획득하기 위해서 문법 공부가 필요하다는 것을 알게 되었고 20대가 되어 필요한 만큼의 문법 공부를 자발적으로 선택해서 학습했다. 그러나 이때는 이미 영어가 내 삶에서 중요한 부분이고 즐거운 부분이라는 것이 단단히 자리 잡고 있었기 때문에 조금 싫은 것을 하는 것이 크게 문제되지 않았다.

영어에 대한 주도적인 선택이 영어를 지속적으로 배우게 한 원동력이라 생각한다. 만약 다른 사람의 의견에 휘둘려 내가 원하지 않는 선택을 했다면 영어는 관심 영역에서 벗어나지 않았을까.

이것이 학습 전체에도 같은 영향을 준다. 내가 선택하고 조율해야 하는 부분이 있을 때 더욱 주도적으로 계획하고 성취할 수 있게 된다. 타인이 이끌어 주는 학습도 일정 부분 필요하지만 내가 하는 학습이 어디쯤 있고, 무엇을 어떻게 해야 하는지 주도권을 가지고 있을 때 자기조절 학습 능력을 충분히 발휘할 수 있다.

3) 공부보다 더 중요한 것

성인이 되어서야 고등학생 시절 우리집의 상황이 그다지 좋지 않았다는 것을 알게 되었다. 부모님은 맞벌이에 정신없으셨고 사업으로 인한 빚이 많이 있었다. 그런데도 내가 부족함을 느끼지 않았던 이유는 공부하는 자녀에 대한 무한한 지원이 있었기 때문이다. 특히 책이나 문제집을 사야 할 때 한 번도 안 된다고 하지 않으시고 마음껏 사게 해주셨다. 그렇다고 공부하라는 잔소리도 않으셨다. 시험 결과에 대해서도 말씀하지 않으시고 늘 고생한다고 격려해 주셨다.

고등학교 3년 동안 기숙사 생활을 하며 2주에 한 번씩 집에 갔다. 그렇게 집에 다녀 오는 길에는 늘 집에서 기숙사까지 태워주셨는데, 그때는 저녁 식사에 간식까지 여유 있게 준비해 주셔서 아들의 기숙사 생활이 외롭지 않도록 챙겨주셨다.

어린 시절 어머니께서 자주 하셨던 말씀은 "공부해라!"가 아니라 "예의 없이 행동하고 말할 거면 공부하지 말아라."였다. 예의도 모르고 규범도 모르면서 무슨 공부를 하느냐는 말씀이었다. 그때는 무슨 뜻인지 몰랐지만, 시간이 흐르니 공부 잘하는 사람보다 좋은 사람이 되기를 바라셨던 어머니의 마음을 깨닫는다.

결국 학습이나 배움에서 가장 중요한 것은 내가 잘되고 더 똑똑해지는 것이 아니라는 것을 어렴풋이 느꼈던 것 같다. 아무리 가진 것이 많고 넉넉하다고 해도 됨됨이가 되지 않은 사람은 자신이 가진 것을 주변과 함께 나누기 어려움을 알게 되었다. 가진 것이 없어도 다른 사람을 생각하는 마음, 함께 살아가려는 마음이 있을 때 더 넉넉하게 살 수 있음을 조금씩 깨달아 간다. 하나 더 지식을 배우는 것이 중요한 것이 아니라 진짜 소중한 것이 무엇인지를 배워가는 시간이었음을 깨닫는다.

4) 책 이야기

중, 고등학교 시절 집에서 한 시간 떨어진 시내에 1층 서점이 있었다. 그곳은 모든 것이 가능한 곳처럼 느껴졌다. 세상 이야기를 모두 모아둔 곳, 수많은 선생님과 학자들의 이야기가 있는 서점에 가면 그 책들이 갖고 싶었다. 한번 가면 여러 권 책을 사서 집에 쌓아두고 읽었던 기억이 난다. 책을 좋아한 이유는 간단하다. 가르쳐주기 때문이다. 그것도 내 속도에 맞춰서. 책을 읽다가 잘 이해되지 않으면 다시 읽으면 된다. 다시 읽는다고 누가 뭐라 하지 않는다. 게다가 짧게는 수개월, 길게는 몇 년의 경험이 단 한 권의 책에 기록되어 있다는 사실이 좋았다. 마치 이 책을 읽으면 그 사람의 삶이 나에게 차곡차곡 더 쌓이는 기분이랄까. 수개월에서 몇 년의 시간을 단 몇 시간 만에 단축해서 배우는 느낌이 있다.

책을 좋아했던 또 하나의 이유는 책 속에 한 사람의 인생이 있고 삶을 살아가는 비밀이 담겨 있음을 깨달았기 때문이다. 책을 쓴 저자들의 많은 고민과 생각, 경험을 녹여내 마치 하나의 반짝이는 보석처럼 안겨주는 삶의 지혜가 있었다. 그래서 책을 잘 읽기만 하면 마치 그 지혜가 내 손에 쥐어지는 듯했다. 물론 지혜를 단순히 아는 것과 그것을 체득하는 것의 차이는 있겠지만 어린 시절엔 그것을 아는 것만으로도 어른이 된 것 같은 기분이 들었다. 그러면서 이런 생각을 했다.

'나는 부족한 것이 많지만 부족함을 채워주는 좋은 것들을 받아들이면 조금씩 나아지지 않을까?'

'나와 다른 생각에 대해서 거부만 할 것이 아니라, 좋은 점을 받아들이면 내가 이전보다는 조금 더 좋은 사람이 되지 않을까?'

그러다 보니 자연스럽게 지금 내가 못 하는 것, 부족한 것에 대해 인정하게 되었다. 그리고 거기에서 끝나는 것이 아니라 책으로 만나는 세상을 통해 내가 더 나아질 수 있다는 희망을 품게 되었다.

5) 성장 마인드

성장과 관련한 여러 가지 연구 이론이 있는데 그중 하나가 마인드셋mindset이다. 미국 스탠퍼드대학교 심리학자인 드웩이 최초로 제안한 마인드셋은 두 가지 개념으로 설명할 수 있다. 먼저 자기의 능력과 지능이 노력으로 향상될 수 있다고 생각하는 성장 마인드셋과 자신의 지능이 더 발전할 수 없고 노력해도 바뀌지 않는다고 보는 고정 마인드셋이다. 이것은 학습자의 변화 가능성(능력과 지능 등)을 개인적인 믿음으로 보는 이론으로 두 가지 마인드셋 개념을 구체적으로 설명하면 이렇다.

고정 마인드셋을 가진 사람은 어려움이 생겼을 때 이것이 나의 능력 부족 때문이라고 생각하는 경향이 있다. 그래서 나아지지 않는 자신을 보며 불안, 우울 등의 부정적인 생각을 더 많이 하게 된다. 반면 성장 마인드셋을 가진 사람은 어려운 일을 겪을 때 새로운 방법을 모색하거나 자신이 더 노력하는 모습을 보인다. 이런 사람들은 지능이나 능력이 계속 발전할 수 있다고 생각하고 이를 높이기 위해 노력하는 모습을 보여준다.

고정 마인드셋을 가진 사람은 자신의 능력 향상보다는 지금 내가 할 수 있는 능력, 내가 다른 사람보다 더 뛰어나다는 것을 확인하는 것에 초점을 맞추는 경향이 있다. 그래서 뭔가 도전해야 할 일이 생겼을 때 고정 마인드셋을 가진 사람은 이 일을 피하고 싶어하고 내가 가진 능력이나 잠재력을 발휘하려고 하지 않는다.

반대로 성장 마인드셋을 가진 사람은 도전적인 상황을 피하려하지 않고 나의 능력을 향상할 기회로 받아들인다. 그래서 어려움 속에서도 노력하고 포기하지 않는 모습을 보인다. 이런 마인드를 가질 수 있도록 도와주는 여러 가지 요소가 있지만, 무엇보다 어려움을 대할 때 이것이 나의 성장에 도움이 되는지, 다른 사람에게 칭찬받기 위해 하는 행동인지에 대한 선택 기준이 중요하다. 부모님이나 다른 사람의 칭찬을 받으려고 하는 행동이 아니라 진실로 자신의 성장과 배움을 위해 해온 경험들이 성장 마인드 형성에 중요하기 때문이다.

이렇게 내가 지속적으로 학습할 수 있었던 이유 중의 하나는 노력하고 배우면 더 나아질 수 있다는 생각 때문이었다. 나를 이루고 있는 지능이나 능력 등이 고정되어 있어서 더 이상 좋은 사람, 더 나아지리라 생각하지 않았다면 지금까지 노력할 이유는 없었을 것이다. 조금씩 성장하면서 생각이나 마음도 넓어지는 자신을 발견하면서 더 꾸준하게 배우려고 했다.

4
모두에게 있는
성장 습관

1) 배우고 싶은 마음

공부를 계속하고 싶다는 생각은 있었다. 유학갈까? 하는 마음도 있었지만, 가족과 직장 등 현실적인 이유로 그렇게 하는 것은 너무 이기적 선택이었다. 석사과정을 마친 뒤 우연히 교육학 '평생교육·인적자원개발' 과정을 알게 되었다. 학부 전공도 교육학이었고 교직에 있었기에 교육학에 대한 마음은 늘 있었다. 한번 도전하고 싶다는 생각이 들었다. 박사과정을 선택할 때도 박사학위 타이틀을 가져야겠다는 생각으로 시작한 것은 분명 아니었다. 단지 교육학이라는 학문을 마무리해 보고 싶다는 마음이 더 컸다.

박사과정 1학년으로 입학할 때 아들도 초등학교 1학년으로 입학했다. 아들과 나 모두 신입생의 마음으로 들떠 있을 때 코로나라는 듣도 보도 못한 질병이 창궐했다. 원격수업이라는 초유의 방법으로 학습하기 시작했는데, 그때 만난 지도교수님께서 학업의 과정에서 놓치는 것이 없도록 중요한 순간마다 세밀하게 지도해 주셨고 지금까지도 변함없는 사랑과 지지를 보내주고 계신다.

교수님은 우리 동기들에게 "박사과정은 결국 스스로 학습하는 거예요. 논문에 대한 연구도 스스로 깊이 고민하는 게 박사과정이에요."라고 말씀하셨다. 나는 스스로 한다는 부분이 너무 좋았다. 내가 스스로 학습할 수 있다는 것 자체가 주는 도전이 있었기 때문이다. 배우는 과정이니 스스로 계획하고 새로운 것을 찾아가는 과정, 게다가 지도교수님까지 계시니 더 든든했고 학문의 과정을 잘 아시는 교수님께서 방향을 잘 잡아주실 거라는 믿음도 있었다.

성장을 위해 무엇보다 필요한 것은 배우려는 마음이라고 생각한다. 배우지 않고는 지금의 내 모습에서 조금 더 성장하기란 쉽지 않기 때문이다. '배운다'라고 말하면 '공부'를 떠올리기 쉽다. 그런데 배운다는 것은 단순히 공부만을 말하는 것이 아니다. Chat-GPT가 처음 나왔을 때도 그것을 어떻게 하는지 시도하고 도전하는 노력 자체가 배움이다. 하다못해 핸드폰을 구입해도 새로운 메뉴를 익히기 위해서 찾아보고 조작해 보는 것 모두가 배움이다. 사랑하는 사람을 위한 요리 레시피를 찾아보는 것, 더 좋은 물건을 구입하기 위해 후기를 부지런히 읽고 비교해 보는 것 하나하나가 모두 배움이다. 이처럼 새로운 것을 익히고 배우려는 마음이 있을 때 비로소 성장이 이루어진다.

2) 함께 걸어가는 사람의 힘

'같이, 가치' 이것은 박사 동기와의 첫 만남에서 만든 우리 모임의 이름이다. 같이하는 것의 가치는 어려운 시간에 빛을 발한다.

배우려는 마음을 가지고 하나씩 배우고 익히면서 박사과정까지 오게 되었다. 학위를 따려는 목적이 아니라 배움의 과정에서 제도적 마지막 단계를 밟으려는 마음으로 왔지만, 박사과정 자체와 논문 작성의 모든 과정에 압박감이 있었다. 어떻게 해야 하나? 어디부터 시작해야 하나? 이런 막연한 불안부터, 내가 아는 게 하나도 없는 것 같다는 생각, 이러다가 아무것도 마무리하지 못할 것 같다는 생각까지 들면서 나도 모르게 조금씩 슬럼프로 들어가기도 했다. 다른 게 슬럼프가 아니다. 아무것도 하기 싫은 마음, 나는 할 수 없을 것이라는 마음 때문에 한 걸음도 앞으로 나가고 싶지 않은 것이 슬럼프였다.

그런데 참 신기한 것이 있다. 이 과정을 함께하는 동기가 있다는 것, 그 존재만으로도 엄청난 위로가 된다는 사실이다. 왜냐하면 이 모든 과정에서 생기는 감정과 생각은 이 길을 가는 사람이 아니고 서는 정확하게 설명할 수 없는데, 동기들은 지금 나와 똑같은 길을 가고 있기 때문에 따로 설명할 필요가 없기 때문이다. 말하지 않아 도, 눈빛만으로 안다는 게 위로였다.

전우애가 그냥 우애와 다르고 더 끈끈한 이유가 무엇인가? 전투 나 훈련 상황 속에서 겪는 수많은 일, 느끼는 감정, 처한 환경 이것 을 말로 설명하지 않아도 똑같이 느끼고 경험하고 있다는 사실이 주는 힘이 있기 때문이다. 마찬가지로 배움의 길을 함께 하는 사람 들이 옆에 있다는 것 자체가 큰 힘이 되었다.

내가 하는 배움이 완전히 새로워서 아무도 걷지 않은 길일 가능 성은 거의 없다. 누군가 이미 그 길을 걸었고 나와 함께 걷고 있는 누군가가 있고 앞으로 내 뒤를 이어서 걸을 사람이 있다. 그렇다면 지금 나와 같이 길을 걷는 사람들과 함께해야 한다. 많은 것을 공 유해야 한다.

박사과정을 걸으며 동기들끼리 서로의 생각을 다양한 방식으로 공유했다. 기분도 공유했다. 특히 어려운 마음, 조바심, 무기력, 자 책 등 부정적인 감정에 대해 적극적으로 표현했다. 모두 같은 과정 을 밟고 비슷한 생각을 하고 있었기 때문에 특별한 설명 없이 통하 는 부분이 있었다. 그리고 모두 똑같은 시기에 슬럼프를 겪는 것이 아니기에 누군가 어려움을 겪고 있을 때, 그것을 지나간 사람이 어려움을 겪는 사람을 위로할 수 있었다. 누구보다 가장 잘 알기에. 그리고 슬럼프에서 벗어나면서 다른 사람들의 어려움과 힘듦이 보이기 시작하고 서로가 서로를 더 많이 챙겨주기 시작했다. 그렇게 하는 것이 상대방에게 힘을 주며 동시에 자신에게 있는 힘을 불러일으키기도 했다.

3) 동료 학습 파워

이러한 심리적 지원뿐만 아니라 실제적인 도움도 함께 있었다. 논문 과정에서 잘 풀리지 않는 부분, 이해되지 않는 부분, 해결해야 할 부분 등에 관해 이야기하면 너도나도 한마음이 되어 해결할 방법을 제안하곤 했다. 같은 방향으로 걸어가고 있지만 조금씩 속도가 다르기 때문에 어떤 상황에서는 조금 앞에서, 다른 상황에서는 조금 뒤쳐지기도 했다. 내가 조금 앞에 있을 때는 뒤에 오는 동기를 위해 필요한 지원을 하고 내가 조금 뒤에 있을 때는 앞서가는 동기에게서 도움을 받았다.

이때 많이 했던 생각이 '조금 늦어도 괜찮다.'라는 생각이다. 얼마든지 늦을 수 있다. 하기 싫은 마음이 들 때도 있다. 그것은 잘못이 아니라는 것을 알아야 한다. 누구나 겪을 수 있고 원하든 원하지 않든 배움의 길에서는 그럴 수 있음을 인정해야 한다. 또 내가 가진 것을 아낌없이 주고받는 경험을 해야 한다.

　논문을 준비하며 수많은 논문과 연구를 검색하고 살펴보게 된다. 그러다 보면 나에게 필요한 자료를 발견하기도 하지만 다른 동료에게 더 필요한 자료를 우연히 발견할 때도 있다. 또 누군가를 만날 때 주고받는 이야기 중 만나는 사람이 나보다 다른 사람에게 더 도움이 되는 경우도 있다. 이럴 때 아낌없이 줄 수 있는 마음이 필요하다.

　동시에 다른 사람들이 나를 위해 베풀어 주는 사랑의 마음과 도움을 감사하게 받아들이고 누릴 수 있는 마음도 필요하다. 배움은 혼자 하는 것이 아니라는 것을 깨닫고 인정하는 과정의 연속이었다. 또한, 함께 학습하면서 나와 다른 관점으로 볼 수 있다는 장점도 있었다. 자기의 관심 영역에 빠져있을 때는 다른 관점으로 판단하기 어렵다. 그럴 때 동료들과의 대화와 소그룹 학습을 통해 새로운 관점으로 볼 수 있는 기회를 얻게 된다. 교육심리학자 비고츠키가 말한 '근접발달영역'과 브루너의 '스캐폴딩 개념'을 이런 동료 학습을 통해 경험하게 된다. 물론 두 개념이 아동 학습과 관련한 개념이지만 비슷한 영역과 관심을 갖고 있는 성인학습자 안에서도 얼마든지 이런 동료 학습 파워를 경험할 수 있다. 그리고 심리적 지원, 실제적 지원 등을 경험하면서 계속 성장할 수 있다.

4) 성장 마인드셋 확인

　　배움의 과정에서 스스로 질문하는 것은 중요하다. 왜 배우려고 하는지, 배움 속 나만의 즐거움은 무었인지 먼저 확인해야 한다. 많은 사람은 왜 배우는지에 대한 생각을 건너뛴 채 막연하게 배우기 시작하는 경우가 많다. 이렇게 되면 배움에 지쳤을 때, 배움이 실증날 때 쉽게 포기할 가능성이 높다. '내가 왜 이것을 해야 하는지?'에 스스로 답할 수 없기 때문이다. 아무리 다른 사람이 설명한다고 해도 스스로 말해주는 것보다 정확하고 확실한 것은 없다. 그런데 왜 배우고 있는지에 대해서 스스로 말하지 못하면 어려움이 생겼을 때 자신에게 설명할 방법이 없다. 그만두고 싶은 나에게, 멈추고 싶은 나에게 해줄 수 있는 말이 없다.

　앞에서 언급했던 영어 공부와 관련해서 아무도 나에게 영어를 배우라고 말하지 않았지만 내가 잘하고 싶다는 이유, 내가 원하고 있다는 이유, 나는 잘할 수 있다는 이유가 있었기 때문에 지겹고 그만두고 싶은 순간에도 자신에게 해줄 수 있는 말이 있었다. '언제든지 그만두어도 된다.' '그래도 내가 잘하고 싶은 것 아니었나?' '잘할 수 있다는 자신감이 있지 않은가?' 하는 마음을 가지고 나를 설득하면 어느새 마음이 풀리고 다시 매진하게 된다.

　지금 내가 하는 일, 배우고 있는 일, 도전하고 있는 일이 정말 나에게 즐거운지를 확인해 보아야 한다. 정말 즐거운 일은 아무도 나에게 보상해 주지 않고 알아주지 않아도 스스로 하게 된다. 다른 사람이 나의 비교 대상이 아니라 내가 나의 비교 대상이 된다. 어제보다 나아진 나, 어제보다 단단해진 나를 보면 지속적으로 성장하는 힘을 얻게 된다.

올해 초등학생을 대상으로 논어 수업을 시작했다. 나는 한자를 제대로 배운 적이 없어 한자를 잘 모른다. 그런데 어떻게 논어를 하게 되었을까? 2,500여 년 된 논어 속에서 현대사회를 관통하는 가르침과 생각을 발견하면서 재미를 느끼게 되었다. 그리고 이 고전의 맛을 우리 아이들이 알면 너무 좋겠다고 생각했다. 아무도 교실에서 논어를 가르치라고 하지 않는다. 내가 논어를 한다고 누가 칭찬하는 것도 아니다. 그런데도 논어 자체에서 재미를 느끼니 스스로 하게 된다. 자꾸 하다 보니 부족한 것을 느끼게 되고 필요한 것을 찾다 보니 이전보다 더 자세하게 알아가는 것을 경험한다.

5) 부정적인 생각, 안녕

머릿속에 수많은 생각이 있다. 그중 많은 경우 부정적인 생각이 우리를 지배할 때가 많다. 심리상담가 스기타 다카시는 그의 책 <걱정에게 먹이를 주지 마라>에서 이렇게 말한다.

"비유하자면 걱정이란 마치 우리를 그림자처럼 졸졸 따라다니는 먹보 괴물과 같습니다. (중략) 그래서 걱정을 잘 통제하는 사람은 이 괴물에게 먹이를 주지 않습니다. 군침을 흘리며 달려드는 걱정을 억지로 쫓아내려 하는 대신, 작고 허기지게 만들어서 아무런 힘도 쓰지 못하게 만들죠."

부정적인 생각에 더 이상 먹이를 줄 필요가 없다. 좋은 생각으로 긍정적인 일을 할 시간도 부족한데 부정적인 생각을 해결하고 걱정하느라 허비하는 시간이 많다. 자신에게 더 긍정적인 이야기를 해 주자. 물론 근거 없는 막연한 이야기가 아니라 지금 내가 잘하고 있는 것을 이야기해 주는 게 좋다. 성취하지 못한 부분이 있지만 지금까지 잘 해낸 부분도 분명히 있기에 그것을 말해주면 된다.

내가 걱정하는 부분이 정확히 어떤 부분인지 잘 파악해서 무엇부터 하는 것이 좋을지 자기에게 말해주는 것도 필요하다. 성장하고 있는 자신에게 잘하고 있다고 꾸준하게 말해주며 부정적인 생각과 작별하는 것이 필요하다. 그렇게 지속적인 배움과 격려의 상황 속에서 자신만의 성장 습관을 만들어 가기를…. 답답한 세상을 향해 좀 더 당당하고 단단한 발걸음이 이어지기를…. 나를 비롯하여 작은 성장 습관으로 새로운 시작을 하는 모두에게 응원을 보낸다.

4장

광야에서
찾은
성장 습관

.

.

.

1
광야에 선
인간

나는 경주마였다. 일과 공부를 새로 시작한 2016년부터 지금까지 9년간 옆도 뒤도 돌아보지 않고 가림막을 씌운 경주마처럼 앞만 보고 달려왔다. 20년이 넘는 경력 단절을 어떻게 극복했을까? 나이 들어서 어떻게 다시 공부하기로 마음먹었을까?

자유로운 인간이 되기 위해서 인간은 먼저 '광야에 선 인간'이 되어야 한다고 한다. 그리고 우리를 구속하는 것이 무엇인가를 볼 수 있게 하는 곳도 바로 광야라고 했다. 내가 서 있었던 광야는 그저 고통뿐이었다. 내가 통제할 수 있는 것이 아무것도 없게 느껴졌다.

2011년 남편 회사에 문제가 터지면서 2012년 초에 나는 아이들과 함께 미국에서 쫓기듯 귀국했다. 드라마에서나 보았던 빨간 딱

지가 집안 여기저기 붙었다. 과거 삶의 양식을 버리고, 과거의 인생관도 버려야 버틸 수 있었을진대 그때의 나는 버리지도, 채우지도 못하고 그저 회피하기에 바빴다.

깊은 동굴에 끝없이 들어갔던, 귀국 후 3년이 되던 해에 둘째 아이가 고등학교에 들어가고 석식까지 학교에서 먹고 늦게 귀가하니 나는 더 이상 할 일이 없는 사람처럼 느껴졌다. 그래서 돈을 벌러 나가야겠다고 결심한 것도 이 무렵이었다.

1993년에 결혼하여 줄곧 경력 단절 여성으로 살았던 터라 20년이 넘는 공백 기간은 어쩔 도리없이 내가 새로 시작할 일을 찾는 데 큰 걸림돌(느낌은 거의 벽 수준)이었다.

우연한 기회에 고학력 경력 단절 여성을 위한 '진로직업 큐레이터 양성 과정'이 지역 여성인력개발센터에서 운영될 예정인 것을 알게 되어 서류 접수와 면접을 통해 교육을 받기 시작했다. 총 200시간의 교육을 마치고 함께 한 선생님들과 학습동아리를 시작하며 중고등학교에 진로 관련 수업을 나가게 되었다.

대학에서 자연과학대학 통계학을 전공한 나는 교단에서 진로 이야기를 자신 있게 풀어나가는 데 한계를 느끼고 있었다. 그때 양성 과정에 강사로 오셨던 선생님 중 한 분이 나에게 석사과정 공부를 해보라고 권유하셨다. '내게 가능성을 발견하여 더 공부하라는 조언을 하시는구나.'라는 생각에 내심 기뻤다.

2016년 가을 대학원을 검색하여 덥석 원서를 제출했다. 여담이

지만 나중에 알고 보니 그 선생님은 대부분의 교육생에게 공부를
더 하라고 권유하신 것 같다. 지금도 그러시다.

2
탈출기

　돌이켜보면 공부는 깊은 구렁에 던져진 나를 길어 올리고, 끊임 없이 동굴을 파고 은둔했던 나를 구원한 매개체였다.

　2017년 3월 교육대학원 평생교육 진로직업상담 전공으로 석사 과정 1학기를 시작했다. 주중에는 현장에서 협동조합 활동과 강의 를 하고 토요일에는 하루 종일 공부하는 일과가 시작되었다. 거의 25여 년 만에 다시 학생의 신분으로, 전공도 아주 생소한 교육학을 배우기 시작했다. 그런데 신기하게도 공부가 재밌었다. 성인 학습 자로서 나의 필요에 따라 시작한 배움의 길이어서 더 그랬나 보다.

　석사과정 중 결석하지 않고, 과제는 제때 제출하고, 종합시험을 거쳐 총 5학기 전체 성적 4.5점 만점을 받았다. 석사 논문을 쓰는 대신 한 학기를 더 이수하면 되었고, 석사 동기들 모두 그렇게 했는데 나는 무슨 욕심이었는지 석사 논문을 쓰고 동기들과 한 학기도 함께 수강했다.

2020년 2월 교육대학원 석사과정에서 성적 우수상을 받고 졸업했다. 코로나로 모든 행사가 취소되던 때라 상장과 학위 패가 집으로 배달되었고, 우편물을 받고 나서야 내가 총장상을 받은 사실을 알았다.

혼자서 어렵게 석사 논문을 쓰면서 말은 하지 않았지만 내심 박사과정을 꿈꾸고 있었던 것 같다. 고민이 깊었다. 집안 형편상 남편에게 공부를 더 하고 싶다고 말하기가 미안했다. 돈을 벌자고 시작했던 일이 학비로 줄줄 새고 있었다. 빨리 돈을 벌어야 한다는 마음은 급했지만, 공부도 더 하고 싶었다.

박사과정을 갈 수 있을지도 모르는 상태에서 혼자 박사과정 전공을 찾아보고 있었다. 여러 가지 경우의 수를 생각하며 박사과정을 고민하고 있었다. 하루는 아들과 외출 중 운전하던 나에게 석사과정에서 논문을 심사해 주셨던 교수님(후일 박사과정의 지도교수님)의 전화가 걸려 왔다. 블루투스로 연결했다. 나에게 같은 대학의 평생교육 인적자원개발 박사과정으로 진학하면 어떻겠냐고 제안하셨다. 그리고 학생에게 직접 전화를 걸어 권유한 최초의 학생이라고 말씀하시며 전화를 끊었다. 그날 저녁 아들이 그 이야기를 꺼냈다. 가만히 듣던 남편이 그렇다면 평생교육 인적자원개발 박사과정으로 들어가라고 말했다. 나는 가족에게 미안했지만, 고마운 마음이 더 컸다.

2020년 3월 박사과정을 시작했다. 석사과정을 거치면서 강의 자리는 더 많아졌고 그만큼 더 바빴다. 그나마 열심히 활동했던 협동조합 이사장직을 2년 임기를 마치고 내려놓은 상태여서 마음은 가벼웠다. 하지만 또 다른 직책들과 일에 치이면서 공부를 해나갔다. 총 6학기의 박사과정 중 4학기부터 본격적으로 박사논문을 준비하기 시작했다. 진로적응모형을 중심으로 경력 단절 여성의 주도성(적응준비), 진로적응성(적응자원), 진로결정자기효능감(적응반응) 및 고용가능성(적응결과) 간의 구조적 관계에 대해 연구하며 나의 진로 적응에 대해서도 많은 생각을 했다.

내가 처한 환경을 스스로 변화시키기 위해 주도성을 발휘하고, 진로 적응을 위해 미래를 지향하고 준비하기 위한 관심, 직면한 과업에 대한 책임감을 갖는 통제, 자신과 직업 세계 사이의 적합성에 대한 호기심, 진로를 선택하고 실행하는 데 성공적으로 수행할 수 있는 능력에 대한 자신감이 필요했다. 주도성을 통해 변화를 시작하고, 진로적응성을 통해 준비하며, 진로결정자기효능감을 높여 궁극적으로 고용가능성을 향상시키는 것이 나의 연구 목적인 동시에 삶의 과제였다.

3

광야에서
길을 찾다

 20년 이상의 경력 단절에서 벗어나고 공부를 다시 시작하여 박사까지 된 지난 9년을 돌아보면, 그 시작은 내 인생에서 광야를 만났기 때문이었다. 내가 인생에서 광야를 만나지 않고 순탄하게만 살았다면 아마도 전업주부로 남편과 아이들의 뒷모습만 바라보며 '빈둥지증후군'을 앓고 있을지도 모르겠다. 광야에서 길을 잃고 방황하던 중에도 나를 다시 일으켜 세울 수 있었던 건 무엇이었을까?

 크럼볼츠Krumboltz는 개인이 어떤 문제에 직면했을 때 그 문제에 접근하는 방식에 따라 다른 진로 결정을 할 수 있다고 보았다. 살아가면서 예기치 않은 사건은 누구에게나 일어나기 마련이고, 사건은 그 사람의 진로에 긍정적으로나 부정적으로 영향을 미칠 수

밖에 없다.

예기치 않은 문제에 직면하여 광야를 헤맸던 시절에도 삶을 포기하지 않고 나를 기어코 성장의 길로 이끌 수 있었던 '계획된 우연planned happenstance'이 바로 나의 성장 습관이 아니었을까 생각해 본다.

나는 성취 욕구가 강한 사람이다. 경주마처럼 앞만 보고 달려올 수 있었던 것도 무엇인가를 성취하기 위해 추진력을 발휘했기 때문이었다. 끊임없이 시도하고 도전하여 실수하거나 실패하면 다시 시도하고 도전하기를 반복했다. 그렇게 크고 작은 실수와 실패를 거듭하면서도 성취하기 위한 추진력을 발휘할 수 있게 해준 나의 작은 습관들을 소개한다.

1) 성장 습관 – 배움

결혼하기 전 일을 할 때와 일과 공부를 다시 시작하기 전 전업주부로서 생활할 때도 나는 계속해서 무언가를 배우러 다녔다. 새로운 것을 배우는 게 좋았고, 그냥 배우는 과정에서 재미를 느꼈다. 홈패션, 양재, 뜨개질, 꽃꽂이, 원예, 요리(한식, 양식, 중식, 일식 등), 영어, 운동(볼링, 스키, 골프, 요가 등) 등을 집 주변 백화점 문화센터나 주민센터, 동네 학원 등을 이용해서 배울 수 있는 것을 찾아 꾸준히 배우러 다녔다.

사실 20년이 넘는 경력 단절에서 새롭게 일을 시작하게 된 계기도 배움에서 시작했다. 긴 경력 단절의 고리를 끊어 내는 일은 쉽지 않았다. 그래서 뭐라도 배워야겠다고 생각하고 주변을 살피다가 지역 여성인력개발센터에서 운영하는 경력 단절 여성을 위한 진로 직업 큐레이터 양성 과정을 발견했다. 취업 성공 패키지부터 시작해서 220시간에 걸친 교육과정을 수료하고 자격시험에 통과하였고, 함께 과정을 통과한 선생님들과 학습동아리를 만들었다.

진로 직업 큐레이터 양성 과정을 들으면서 새로운 세상에 눈을 뜬 것처럼 모든 과정이 재미있었다. 사실 나는 대학 시절에 자연과학대에서 통계학을 전공하고 수학을 부전공하였기에 이과적인 사고를 하는 일이 보편적인데, 교육, 상담, 심리 등의 진로와 관련된 공부는 문과적인 사고를 요구했다.

처음에는 정답이 없는 공부가 어려웠다. 어쩌면 어려웠다기보다는 당황스러웠다. 그런데도 새로운 공부가 재미있었던 이유는 매일 새로운 것을 알게 되는 기쁨이 있었고 심지어 나에 대한 이해가 시작되었다. 그러다보니 가족과 친구들, 그리고 주변인도 새롭게 보이기 시작했다.

진로 직업 큐레이터 자격 과정을 공부하면서 직업상담사 2급 자격증 공부도 시작했다. 지금은 지식GSEEK으로 바뀐 당시 경기도 평생 학습 포털 홈런HOMELEARN에서 직업상담사 자격증 관련 수업을 무료로 들으면서 공부하여 같은 해에 1차와 2차 시험을 한 번에 패스했다. 그때 만든 필기 노트를 파일로 만들어 지금도 주변에서 직업상담사를 준비하는 분들께 나눔하고 있다.

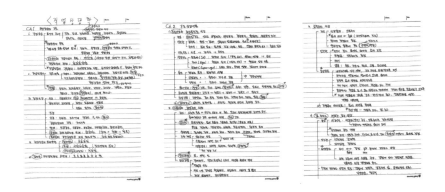

몰랐던 것을 알게 됨으로써 보이지 않았던 세상을 볼 수 있게 되는 것이 신기했다. 그래서 공부는 석사과정으로 이어졌으며 지금까지도 매 순간 배움의 과정은 진행되고 있다. 배움은 나를 변화하게 만드는 촉매제와 같은 존재이다. 결혼하기 전부터 결혼하여 다시 일하기 전까지 배웠던 수많은 취미 생활은 배울 당시에는 그저 재미만 있었지, 쓸모는 없게 느껴졌다. 하지만 그때 찍었던 수많은 점이 오늘의 내가 되기까지 선이 되고 면도 되어 나를 도왔을 거로 생각한다.

2) 성장 습관 - 집중을 넘어 몰입

나는 집중력이 내 최고의 경쟁력이라고 생각한다. 남들보다 늦은 나이에 시작하였지만 빠르게 성장할 수 있었던 동력이 바로 집중할 수 있는 능력이었다. 20년 이상을 전업주부로 생활하다가 상대적으로 남들보다 늦게 시작한 나는 뭐든지 열심히 해야지 남들만큼이라도 할 수 있겠다고 생각했다.

진로 직업 큐레이터 양성 과정 중에 직업 체험 프로그램을 개발하는 숙제가 있었다. 그때 나는 컴맹이었다. 컴퓨터는 이메일을 주고받는 정도로만 사용했다. 물론 타자도 독수리 타법이었다(지금도 여전히 독수리 타법이지만 조금은 빨라진 독수리랄까?).

과제를 PPT로 만들어서 제출해야 하는데, 그때까지 PPT를 한 번도 사용해 본 적이 없었다. 동료 선생님들은 대부분 PPT가 무엇인지 정도는 알고 있었고, 심지어 잘하는 선생님도 있었다. 과제 제출일까지 며칠 동안 잠을 안 잤는지 기억도 안 난다. 다른 사람들이 한번 클릭하면 될 일을 나는 최소 10번, 아니 100번 클릭하면서 PPT 한 장 한 장의 열과 행을 맞췄다. 과제를 발표하는 날 수만 번의 클릭 끝에 탄생한 나의 첫 PPT 작품(지금 보면 웃음만 나오는 졸작이다)은 20개의 프로그램 중 2개를 선정하는 데 뽑혔다.

과제에서 내가 선택한 직업은 '가상증강현실 전문가'였다. 당시에는 '포켓몬고'가 알려지기 전이었다. 3~4개의 직업을 놓고 어떤 직업으로 프로그램을 개발할지 고민하고 있던 차에 아들이 적극적으로 추천했던 직업이 '가상증강현실 전문가'였다. 프로그램 개발을 끝마치니 그해(2016년) 여름 '포켓몬고'가 우리나라에 알려졌고 사람들은 포켓몬을 잡으러 속초로 몰려갔다. 아들도 속초에 가자고 졸랐지만, 그때 나는 너무 바빴다. 온통 새로운 일들에 매몰되어 있던 때였기 때문이다.

'가상증강현실 전문가'가 2개의 프로그램 중 하나로 선정되면서, 그해 가을 나는 중학교 강단에 서게 되었다. 결혼 전 수학 선생님으로 학원 강단에 설 때와는 또 다른 기분이었다. 학생들과 마주하며 그들의 진로 고민을 듣고 대화를 나누는 과정에서 자연스럽게 더 공부해야겠다는 동기를 얻었다.

학생들과 소통하기 위해 증강현실을 기반으로 만들어진 '포켓몬고' 게임을 시작했다. 어쩌다 한 번 해본 '지뢰찾기'가 내 인생 게임의 전부였던 내가 다른 게임에도 몰입하는 사람인 것을 그때 처음으로 알았다. '포켓몬고' 게임에 남편을 끌어들여서(혼자하기 좀 부끄러웠다) 만렙(당시 40레벨)을 찍을 때까지 게임에 열중했고 만렙을 달성하고 나서 게임은 그만뒀다. 중학교에 '가상증강현실 전문가' 수업을 나가면 쉬는 시간에 학생들과 '포켓몬고' 이야기하느라 정신이 없었다. 학생들도 나도 즐거운 순간이었던 걸로 기억한다. 지금도 남편과 인근 장소에 관한 이야기를 할 때는 '포켓스탑' 이름과 배틀하던 '체육관' 이름으로 말하면 찰떡같이 통한다.

나의 집중력은 공부로 이어져서 석사과정 5학기와 박사과정 6학기 동안 한 학기도 빠짐없이 모두 4.5점 만점을 받았다. 내가 대학원을 다니는 동안 대학교에 다닌 딸과 아들이 내 성적을 보고 어이없어했던 기억이 난다. 그때 대학원은 원래 대부분 A+를 준다고 너스레를 떨었다.

　　나의 집중력은 두 편의 학위 논문을 작성할 때 더 빛을 발했다. 논문은 할애된 시간에 얼마나 몰입하는지에 따라 작업량에 차이가 났다. 1~2시간의 짬으로는 시작해 봤자 노트북과 보조 모니터 등의 준비물을 세팅하고 각종 서적과 참고문헌 파일들을 펼치는 기초 작업만 하면 뚝딱 지나가 있었다. 그러니 최소한 하루에 4~5시간에서 길게는 8~9시간까지 할애해야 의미 있는 결과물이 나왔다. 논문을 쓰면서는 일을 줄인다고 줄여도 여전히 일이 많았다. 하지만 논문 작성을 위해 일주일에 최소한 2~3일은 논문을 위한 날로 비워둬야만 했다.

　　석사 논문을 쓸 때는 주로 스타벅스를 자주 이용했고 박사논문은 집에서 가까운 스터디 카페를 이용했다. 준비물을 세팅하고 앉으면 4시간이건 9시간이건 화장실 1~2번 갈 때와 긴급한 전화를 받을 때를 제외하고는 의자에서 일어나지 않았다. 집중하는 동안 밥은 물론 먹지 않았다. 당시 잠을 자다가 새벽에 깼을 때, 꿈속에서 작성하던 논문을 이어서 생각하고 있는 나를 발견했다. 논문을 작성하면서 나는 완벽한 몰입을 체험했다. 명확한 목표가 있었고,

목표에 이르기 위해 전체 계획과 세부 계획을 세워서 최대한 행동에 옮겼다. 목표한 바를 성취하기 위해서 주로 밥과 잠을 포기했다. 덕분에 지금도 삼시세끼를 잘 챙기지 않게 되었고 불면증에 시달린다.

하지만 여러 번 경험한 몰입의 순간에 느꼈던 전율과 감동은 나에게 또 다른 집중의 대상을 찾게 만드는 동력이 된다.

3) 성장 습관 - 끈기

한때는 블로그에 몰입했다. 박사논문이 마무리될 즈음 개인연구소를 등록하고 2023년 6월부터 블로그를 시작했다. '진로혜윰 연구소'라는 명칭에 맞게 '교육혜윰', '평생학습혜윰', '진로꿀팁혜윰', '일상공유혜윰' 등의 카테고리를 만들고 내가 공부하는 것과 강의하는 내용을 주제로 포스팅을 이어갔다. 그러던 중 겨울방학을 앞두고 상대적으로 시간적인 여유가 생겨서 '도전혜윰'이라는 새로운 카테고리를 추가하고, 필사 도전을 시작했다.

처음에는 필사 문장을 쓰고 그 문장에 대한 내 생각을 덧붙이기가 쉽지 않았다. 나는 논문이나 연구보고서와 같이 대부분 목적이 분명한 글을 작성하다 보니 내 마음속에 있는 생각이나 감정을 글로 표현하는 일에는 서툴렀다. 내 글을 쓰려면 자꾸만 작아지고 불안과 의심이 올라왔다. 아직도 내 뇌를 지배하고 있는 이과적인 사고 때문인지도 모르겠다. 나의 이야기를 자연스럽게 펼쳐 놓을 방법으로 블로그가 적격이었다. 하루도 빠트리지 않고 필사 도전을 100일 동안 해보리라 마음먹었다. 100일이면 곰도 웅녀가 되어 단군을 낳았다는데, '나도 뭐라도 할 수 있지 않을까?'라는 희망이 있었다. 필사를 시작하기 전보다는 내 이야기를 하는 게 지금은 조금 수월해졌다.

처음 필사 도전을 시작했을 때, 지인들은 그걸 왜 하냐고 많이들 물었다. 나는 그저 시간이 남아서 한다고 대답했다. 그때는 그렇게 생각했다. 하지만 매일 나의 필사 기록을 블로그에 포스팅하면서 생각이 달라졌다. 기록하지 않은 나의 경험과 생각과 느낌은 세월 속에 빠르게(나이가 들수록 더 빠르다) 휘발되어 버린다. 블로그를 시작하고 이런저런 내용의 글을 올리다 보니 기억도 되고, 추억도 되고, 역사도 되고 참 좋다. 무엇보다 적금을 넣는 기분이랄까?

블로그에서 다른 이웃이 운영하는 챌린지에 도전하고 이웃과 함께 조회수가 늘어갔다. 블로그에 투자하는 내 시간도 덩달아 늘어났지만, 이웃들이 올리는 글과 댓글을 읽으면서 많이 느끼고 생각하고 배운다. 휘발되어 가는 나의 기억과 추억을 붙잡아주고, 함께하는 이웃들과의 나눔의 흔적도 고스란히 저장된다. 무엇보다도 추억하고 싶은 순간에 갈피를 꽂아 내가 필요할 때 언제든 펼쳐 볼 수 있으니까 정말 좋다.

처음 필사를 시작했을 때 왜 하냐고 물었던 지인들은 매일 필사 기록을 올리는 나를 보고 어떻게 그렇게 끈기 있게 할 수 있는지, 어떻게 그렇게 성실할 수 있는지도 질문했다. 나는 방학이라 시간이 있어서 할 수 있다고 답했다. 생각해 보면 시간이 있다고 해서 할 수 있었던 건 아니었다. 진짜 이유는 재미였다. 놀이하듯 재미있게 매일 필사할 문장을 고르고 노트에 적고 블로그에 올렸다. 그 가운데 성장하는 나를 느꼈기에 지속할 수 있었다.

나는 성취욕이 강한 사람이라 집중력도 잘 발휘하고 무엇이든 배우려고 마음먹을 수 있지만, 끈기만큼은 항상 부족하다고 생각했다. 그러나 지금까지 내가 걸어온 길을 돌아보니, 사실 나는 성실하고 끈기 있게 걸어왔다는 생각이 든다. 100일간의 필사 도전에서 나는 내 안에 있던 성실과 끈기라는 꽃을 발견할 수 있었다.

필사 도전 100일 차에 골랐던 문장은 나태주 시인의 '꽃을 피우자'였다.

꽃을 피우자

나태주

봄이 오니

화를 냈던 일

부끄러워진다

슬퍼했던 일

미안해진다

꽃이 피니

미워했던 일

누우쳐진다

짜증냈던 일

속상해진다

나도 분명 꽃인데

나만 그걸

몰랐던 거다

봄이다 이제

너도 꽃을 피워라.

지금은 블로그를 통한 필사 도전은 끝났지만, 여전히 책을 읽으며 밑줄을 긋고 있다. 언젠가 마음 정리가 필요하거나 그냥 여유가 생겼을 때, 언제라도 다시 필사 노트를 펼칠 생각이다. 그리고 내가 꽃이라는 사실을 잊어버리고 힘들어할 때, 나도 꽃임을 기억하기 위해서라도 필사 노트를 다시 펼쳐 볼 것이다.

4
앞으로
나는...

　이 글을 쓰기 시작하면서 지금까지의 여정을 되돌아보고, 앞으로 내가 어떤 방향으로 나아가야 할지 고민하는 시간이 되었다. 일을 시작한 이후로 끊임없이 무언가를 해내야 한다는 압박감 속에서 항상 부족함을 느끼며 남들보다 더 열심히 해야 한다고 스스로를 다그쳤다. 그러나 돌아보면, 예측할 수 없는 세상에서 무엇을 그렇게 준비하고 계획하려 했는지, 그 노력이 과연 어떤 의미가 있었는지 의문이 들기도 한다. 물론 지금도 계획을 세우고 있지만, 예전처럼 모든 것을 통제하려 하기보다는 조금 더 유연해지려 한다.

　새로운 일을 시작하고 경주마처럼 앞만 보고 달려온 나는 요즘 들어 옆과 뒤를 많이 돌아본다. 모든 사람이 공감할 수 있는 글을 쓰겠다는 욕심을 내려놓고 단 한 사람이라도 공감할 수 있는 글을 쓰겠다는 책임감을 느끼고 써 내려간다. 이건 함께 하는 분들에게 표하는 예의이자 약속이다.

박사과정을 마치고 얻은 것은 논문만이 아니었다. 그 과정에서 힘든 순간을 함께 견뎌낸 동기들이 있기에, 나는 그들과 함께 책을 쓰고 연구도 하며, 때로는 즐거운 시간도 보낸다. 그리고 우리가 함께 찍어가는 점들이 언젠가 멋지게 연결될 날을 기다린다.

지금의 내가 있기까지 나를 성장시킨 습관을 바탕으로 앞으로도 계속 성장하는 내가 되기 위해 '나를 작게 가두는 것이 있다면 어떻게 극복할 수 있을까'에 대해 고민해 본다. 나를 제한하는 제약이 무엇인지 인식하고, 그 제약을 극복할 수 있는 방법을 찾는다. 그리고 나에 대한 믿음과 확신을 바탕으로 도전 의지를 다진다.

도전적이면서도 실현 가능한 목표를 설정하고 이를 달성하기 위해 새로운 기술을 습득한다. 열린 시각과 긍정적인 사고로 도전을 기회로 삼고 모든 것을 혼자 해내려고 하기보다는 도움을 요청하고 협력한다. 실패를 두려워하지 않고 실패를 통해 배워 나가고 앞으로도 꾸준히 성장해 나가기를 희망한다.

누구나 인생에서 광야와 마주할 순간을 만날 수 있다. 예기치 않은 사건 앞에 무력할 수밖에 없는 인간이지만 이미 발생한 사건에 어떻게 대응하느냐에 따라 자신의 진로 발달에 긍정적인 영향을 미칠 수 있다. 나는 광야에서 벗어날 수 있었던 경험을 바탕으로 앞에 언급한 나의 성장 습관을 독자들과 나누며, 그들이 마주한 광야에서 조금이나마 도움이 되기를 바란다.

1) 잘 배우려면

1920년생으로 아직도 건재한 김형석 선생님은 저서 <백 년을 살아보니>에서 "성실한 노력과 도전을 포기한다면 모든 것을 상실한 사람이 될 수 있으므로 60대가 되어서도 진지하게 공부하며 일하라."라고 말한다. 백수白壽를 넘긴 노학자의 제언이다. 1972년생인 이스라엘 출신 유발 하라리 교수도 그의 저서 <21세기를 위한 21가지 제언>에서 "50세 정도의 젊은 나이라면 앞으로 세상에 뒤처지지 않고 살아가기 위해서는 끊임없이 배우고 자신을 계속 쇄신하는 능력이 필요하다."라고 강조한다. 배움에 나이는 그저 숫자에 불과할 뿐이다.

COVID-19를 변곡점으로 세상은 더 빠르게 변화하고 있다. 디지털 전환의 속도는 더 급격하게 느껴진다. 전례 없이 빠르게 변하고 당장 무슨 일이 벌어질지 모르는 불확실성이 커가는 세상에서 우리 아이들은 무엇을 배워야 할까? 지금 학교에서 배우는 것을 2050년의 학교에서도 그대로 배우게 될까? 아마 많은 부분이 달라질 것이다. 평생 학습 시대에 우리는 무엇을 배워야 할까? 이때 중요한 질문은 '무엇을 배울까?' 보다는 '왜 배울까?'와 '어떻게 배울까?'일 것이다.

평생 학습 시대에는 배우고자 하는 마음이 무엇보다 중요하다. 잘 배우기 위해서는 다음과 같은 마음가짐과 태도가 도움이 된다.

첫째, 새로운 배움의 기회를 탐색하는 호기심을 가지자. 크럼볼츠Krumboltz는 환경에 적극적으로 반응하고 미래를 예견할 수 있는 5가지의 '과제접근기술'로 호기심, 인내심, 유연성, 낙관성, 위험감수성을 제시하였다. 호기심의 사전적 의미는 '새롭고 신기한 것을 좋아하거나 모르는 것을 알고 싶어 하는 마음'이다. 배움에 있어 첫 번째 자세로 호기심을 꼽은 이유는 먼저 내가 모르는 것은 무엇인지 알고자 하는 마음이 선행되어야 하기 때문이다. 내가 모르는 것에 대해 끊임없이 알아가고, 알고 있는 것들도 더 깊이를 더해가려면 호기심이 필요하다.

둘째, 배움에 대한 열정을 가지자. 영국의 기고가인 헤스터 레이시Hester Lacey는 '초특급 성공을 거둔' 인물 200명 이상의 인물들과의 인터뷰를 통해 그들이 공통적으로 자기 일을 사랑하고 있었다는 사실을 발견했다. 사람들은 일이 흥미로울 때 높은 성과를 올린다고 한다. 배움에 열정을 이야기하면 혹자는 '너는 공부를 좋아하나 보다, 혹은 공부를 잘하나 보다'라고 말한다. 그러나 누구나 모든 일에 열정을 가질 수 없듯이 아무 일에도 열정을 가지고 싶지 않은 사람은 없을 것이다. 혹시 아무 일에도 열정을 가지고 싶지 않은 사람이 있다면 그 사람은 아직 자신이 열정을 쏟을 뭔가를 찾지 못한 사람일 것이다. 자신이 관심 가는 분야를 찾아서 배움의 길을 확장해 나가기를 바란다.

마지막으로 배움을 즐기자. 즐거운 일은 자연스럽게 꾸준히 지속할 수 있고, 꾸준한 실천을 통해 배움은 진정한 나의 것이 된다. 나는 지난 방학 동안 매일 필사를 하며 많이 배웠다. 내 생각과 감정을 들여다보며 글로 풀어내는 경험은 나 혼자만의 소중한 시간이었다. 오늘은 어떤 문장을 필사할까? 책꽂이에서 어떤 책을 고를지 고민하는 시간도, 필사 노트에 써 내려가는 시간도 왠지 즐거웠다. 시작할 때 30일만 하자고 했던 게 100일까지 하자로 바뀌었던 이유였다.

책을 읽을 때 아무리 마음에 와닿는 글이어도 며칠이면 기억에서 사라진다. 책을 읽다가 마음에 드는 문장을 만났을 때 그냥 하이라이트만 치는 데 그치지 않고 노트에 적으면서 마음에 새기고 필사 문장에 대한 내 생각이나 의견을 더하기 위해 생각하고 고민했다. 고민이 깊었던 문장일수록 기억에 오래 남는다. 기억에 남으니, 삶에 적용하기도 쉬워진다. 삶에 적용하는 것은 좋은 습관으로 이어질 수 있다. 이 또한 즐거움이다.

2) 집중을 넘어 몰입하려면

집중은 한 가지 일에 모든 힘을 쏟아붓는 것이고 몰입은 깊이 파고들거나 빠져드는 상태를 의미한다. 사전적인 정의로도 집중은 노력과 의지가 필요하지만, 몰입은 자연스럽게 빠져드는 과정이라 할 수 있다. 몰입은 애쓰지 않아도 저절로 이루어지는 집중의 능력이다. 몰입에 관해 연구한 학자들은 "자주 몰입하는 사람일수록 더 행복하게, 더 큰 성취감을 느끼면서 살아간다."라는 연구 결과를 발표했다. 몰입은 어떤 일을 열심히 하는 동안 몸과 마음이 조화롭게 작용하면서 경험하는 최상의 상태로, 이는 최고의 성과로 이어지는 경우가 많다고 한다.

많은 사람은 자신도 모르게 몰입의 순간을 경험한 적이 있을 것이다. 달리기, 등산, 그림그리기, 음악감상, 독서, 글쓰기, 공부 등의 활동을 통하여 제각기 그 일에 푹 빠져들어 큰 만족감을 느낀 경험 말이다. 하지만 몰입할 수 있는 능력은 자전거 타기처럼 한 번 습득했다고 해서 필요할 때 언제든지 다시 사용할 수 있는 능력은 아니다. 칙센트미하이Csikszentmihalyi 등은 "몰입을 만들어 낼 수는 없지만 몰입하는 능력을 키우는 것은 가능하다."라고 했다.

학계에서 체계화하여 밝힌 몰입 경험을 구성하는 아홉 가지 구성 요소는 다음과 같다.

① 명확한 목표

② 해결 과제와 기술의 균형

③ 정확한 피드백

④ 주의 집중

⑤ 행동과 인식의 융합

⑥ 통제력

⑦ 자의식의 상실

⑧ 시간 개념의 왜곡

⑨ 자기 목적성(내적 동기부여)

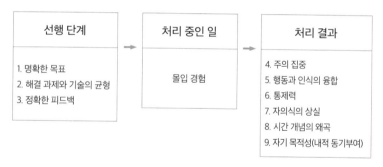

[현재 활용되는 몰입 모형]

자료: 미하이 칙센트미하이 외 <달리기, 몰입의 즐거움>

몰입을 경험하기 위해서는 세 가지 선행 단계가 먼저 갖추어져야 처리 결과가 뒤따라온다고 보았다. 앞서 나의 성장 습관에서 박사논문을 쓰면서 경험한 몰입의 과정을 위의 몰입 모형에 기반하여 설명하면 다음과 같다.

첫째, 박사논문을 본격적으로 준비하기 시작한 시점부터 최종적으로 학교 도서관에 제출하기까지를 장기, 중기, 단기로 나누어 '명확한 목표'를 설정했다. 장기 계획은 1년 6개월, 중기 계획은 3개월, 단기 계획은 1주일 단위로 세분화했다. 노트북 트랙패드 왼편에는 포스트잇에 작성한 장기 계획과 중기 계획표를, 오른쪽에는 단기 계획표를 붙여두고 매일 점검해 나갔다.

☑ 학교 홈페이지 학사일정 확인하기
☑ 단기 계획은 구체적으로 서술하기
☑ 계획이 어긋나도 포기하지 말기
☑ 건강관리 하기

둘째, '해결 과제와 기술의 균형'은 1년 반 정도에 걸쳐 논문을 작성하기 위한 목표를 꾸준히 세우다 보니 어느 정도의 균형을 찾을 수 있었다. 목표가 너무 높아서 비현실적이면 성취감이 낮아져서 힘들었고, 반대로 목표를 너무 낮게 설정한 경우에는 도전 의식이 불타오르지 않음을 느꼈다. 어느 정도는 나의 노력이 수반되었을 때 과제를 해결할 수 있어야 성취 후 만족도도 높았다.

☑ 방학 동안 틈틈이 연구방법론 공부하기

☑ 동기들과 스터디 모임 구성하기

☑ 학교 홈페이지 학사안내 및 논문 가이드 꼼꼼히 확인하기

☑ 참고 논문 찾기 (학교 선배 논문, 본인 논문과 동일한 구조의 논문,
   비슷한 구조의 양질의 논문 등)

☑ 이론적 배경 탄탄하게 구축하기

☑ 배경 이론과 관련된 원저자 논문이나 저서 미리 확보하기

☑ 논문 폴더 체계적으로 관리하기

셋째, 논문은 가심, 예심, 본심이라는 단계별 외적 피드백 과정을 거친다. 심사에서 받은 피드백으로 다음 심사를 위한 내용을 가다듬는 과정을 이어갔다. 외적 피드백 이외에도 나의 논문에 관한 내용은 사실 내가 가장 잘 알고 있다. 어떤 날은 마음에 들었다가, 또 어떤 날 작성한 부분은 그다음 날 통째로 지워버리기도 했다. 내적 모니터링에 걸린 것이다. 이처럼 '정확한 피드백'은 내적·외적 피드백이 능동적으로 이루어져야 몰입이 실현될 가능성도 커진다고 한다.

☑ 지도교수님 말씀에 귀 기울이기

☑ 부정적인 피드백에 상처받지 않기

☑ 피드백을 성장 동력으로 삼기

위와 같은 몰입의 선행 단계가 잘 갖추어졌을 때,

넷째, '주의집중' 단계에 다다른다. 일단 스터디 카페에 도착해 논문 작성을 위한 기본 세팅을 마치고 그날 해야 할 분량을 달성하고자 작업을 시작하면 불필요한 생각은 사라지고 집중력을 유지할 수 있었다. 갑자기 허기가 질 때도 초콜릿이나 사탕을 먹으면서 자리를 지켰다. 식사하기 위해 책상을 떠나는 순간 지금까지 머릿속을 가득 채우고 있던 생각의 고리들이 흐트러질 것만 같았기 때문이다.

☑ 집중할 수 있는 공간 확보하기
☑ 절대적인 작업시간 확보하기 (최소 4시간 이상을 확보하여 집중 공간에 머무른다.)
☑ 억지로라도 작업에 착수하기
☑ 한계에 봉착하였을 때 자신만의 충전법 찾기

다섯째, '행동과 인식의 융합'은 논문을 작성하면서 주의 집중하는 시간이 길어질수록, 그리고 더 자주 주의 집중할수록 생각과 행동의 경계가 사라지는 것을 느꼈다. 머릿속에서 마인드맵이 그려지는 것처럼, 참고해야 할 논문이나 책자가 떠올랐고 작성이 수월해졌다.

☑ 몰입감을 느낄 때 작업을 지속하기

여섯째, '통제력'은 논문 작성에 나의 모든 주의가 집중되고 나면 여러 가지 상황에 대한 통제는 저절로 이루어졌다. 불필요한 상황이 집중력을 방해하지 못하도록 조정할 수 있었다.

☑ 휴대폰 멀리하기
☑ 우선순위 설정하기
☑ 불필요한 약속 줄이기

일곱째, '자의식의 상실'은 내가 논문 작성에 완전히 집중하여 상황을 통제하고 있을 때는 다른 생각들, 예를 들면 남들의 시선, 나에 대한 회의감, 자기 검열 등이 전혀 나를 괴롭히지 않았다. 사실 나는 걱정과 자기 검열이 지나친 사람이지만 진정한 몰입을 경험했을 때 비로소 부정적인 생각으로부터 자유로워질 수 있었다.

☑ 혼자만의 공간에서 작업하기

여덟째, 책상에서 4시간 이상 노트북 키보드만 치면서 앉아 있기란 쉽지 않다(내 경우에는 그랬다). 그런데 신기하게도 딱딱한 내용투성이인 논문을 작성하면서 길게는 9시간까지도 앉아 있었다. 느낌은 4~5시간도 채 되지 않은 것처럼 느껴졌다. 말 그대로 시간이 눈 깜빡할 사이에 흘러가 버린 '시간 개념의 왜곡'을 경험했다.

　☑ 몰입감 즐기기
　☑ 시간에 얽매이지 않기

아홉째, 집중과 몰입으로 8~9시간도 거뜬히 논문을 작성하고 있는 나를 발견하고 나니 논문을 완성할 수 있겠다는 자신감과 효능감이 쌓여갔다. 이 과정에서 '내적 동기부여'가 충분해지니 스터디 카페에 가는 발걸음이 한결 가벼워졌다.

　☑ 성장 습관 만들기
　☑ 몰입감을 기억하고 활용하기
　☑ 성과를 확인하며 즐기기

이처럼 몰입은 개인 성장과 발전의 기회를 제공하며, 전반적인 행복감을 높여준다. 하지만 몰입은 자연스럽게 찾아오는 결과이지, 강박적으로 추구한다고 얻을 수 있는 목표는 아니다. 놀랍고도 멋진 경험인 몰입을 통해 여러분 역시 행복과 성취감을 느끼는 순간을 경험하길 바란다.

3) 끈기 있게 하려면

　　우리는 저마다 각기 다른 재능과 잠재력을 타고났다. 한 사람 한 사람이 반짝이는 보석이 될 가능성을 품고 있지만, 현실에서 자신의 강점을 제대로 인지하지 못하는 경우가 많다. 학습자들을 만나거나 주변 사람들과 이야기를 나누다 보면 "나는 잘하는 게 없다."라고 말하는 이들을 종종 접하게 된다. 이는 그들이 자신의 잠재된 강점을 깨닫지 못했기 때문이다.

　피터 드러커는 "사람은 오직 강점을 통해서만 성과를 거둘 수 있다. 자신이 전혀 갖지 못한 재능은 물론이거니와, 약점을 토대로 성과를 낼 수 있는 사람은 아무도 없다."라고 말했다. 전례 없는 급격한 변화 속에 있는 우리는 먼저 '나는 어떤 사람인가?'에 대한 고민이 필요하다. 이를 위해 나는 무엇을 좋아하는가, 나는 무엇을 잘하는가, 그리고 내가 중요하게 생각하는 것은 무엇인가에 대해 고민해 봐야 한다.

　모든 사람은 엄청난 잠재력을 지니고 있다. 그러나 대부분은 이를 제대로 발휘하지 못한 채 삶을 마감한다. 각 분야에서 정상의 자리에 오른 이들은 그 잠재력을 어느 정도 발굴한 사람들이다. 문제는 잠재력이 결코 스스로 발현되지 않는다는 점이다.

　자기 능력으로는 불가능해 보이는 도전에 직면하거나, 높은 목표에 도달하기 위해 강하게 요구받을 때, 비로소 잠재력이 발휘된다. 이 과정은 종종 고통스럽지만, 한계를 뛰어넘고 잠재력을 발현하는 순간은 인생에서 가장 소중한 경험 중 하나로 남는다.

그렇다면 어떻게 오랜 시간 관심을 지속적으로 발전시키고 흥미를 유지하며 끈기를 가질 수 있을까?

첫째, 좋아하는 일을 스스로 찾아내고 열정으로 발전시키려는 내적 동기와 외적 동기의 조화가 필요하다. 어려움이 닥쳤을 때 끝까지 해낼 힘의 원천은 자신의 내적 동기에서 비롯된다. 더불어 힘이 되어주는 사람과 함께 할 때 그 힘은 배가된다. 의미 있는 타자의 지지와 격려는 무엇보다도 중요하다고 생각한다. 힘든 순간에 포기하지 않고 도움을 요청할 용기를 가지는 것도 필수적이다.

둘째, 작은 성공 경험을 쌓아가면서 성취감을 유지하고 성취를 이룰 때마다 스스로 인정하고 축하하는 시간을 가지면 다음 발걸음에 한결 힘을 실을 수 있다. 스스로를 끊임없이 몰아붙이고 달리기만 할 것이 아니라 적절하게 스트레스를 관리하며 재충전의 시간을 갖는 것도 좋은 방법이라고 생각한다.

셋째, 긍정 마인드셋과 성장 마인드셋을 유지하기 위해 노력해야 한다. 긍정 마인드셋이나 성장 마인드셋을 가진 사람도 실패 앞에서는 고통스럽다. 단지 실패를 바라보는 시선이 다를 뿐이다. 긍정 마인드셋이나 성장 마인드셋을 가진 사람에게 실패는 성공으로 나아가는 길이며, 실패를 배움의 기회로 삼고 긍정적으로 받아들인다. 다시 일어설 힘은 성공하고 말겠다는 승리욕에서 나오는 것이 아니라 실패해도 다시 도전할 수 있다는 유연성에서 나온다. 실패를 통해 문제해결 능력을 키우고 다양한 해결 방법을 찾기 위해 노력한다.

나는 여전히 도전하며 성장하는 중이다. 도전과 실패를 통해 배우고 깨닫는 많은 것들이 내 삶을 더욱 풍요롭게 만들어 준다. 도전을 통해 새로운 나를 발견하고, 실패를 통해 겸손을 배운다. 그리고 필요할 때 도움을 요청할 수 있는 용기를 얻는다. 이러한 도전과 실패의 반복은 나를 앞으로 나아가게 하고 더 나은 사람이 되게 한다. 나는 더 큰 도전을 향해 나아갈 준비가 되어 있으며, 앞으로도 끊임없이 도전하며 성장할 것이다.

끈기는 하루아침에 완성되지 않는다. 그러나 자신을 이해하고 작은 성공 경험을 쌓으며, 실패를 기회로 삼는 과정을 반복할 때 우리는 더 끈기 있고 단단한 사람이 될 수 있다.

5장

간절함에서
시작한
성장 습관

·

·

·

1
나는 웃음을
품은 사람이다

예전에 나는 "너 참 재미있다.", "너 정말 웃겨!" 이런 소리를 들으면 내가 그렇게 가벼워 보이나? 내가 우스워 보이나? 하고 기분 좋다가도 급히 우울해지고 어떻게 하면 신중하고 지적으로 보일까, 종종 고민했던 적이 있었다.(하지만 언제 그랬냐는 듯 바로 나로 돌아와 신나게 이야기한다.)

아마도 청소년 시절 줄곧 오락부장을 맡아오다 보니 친구들에게 즐거움을 주는 것이 좋다가도 때로는 조용히 혼자 있고 싶거나 우울할 때조차도, 저 친구는 항상 즐거운 친구라는 인식 때문에 가끔 피곤했던 기억 때문일 것이다.

오늘은 기분이 가라앉아 있어서 조용히 가만히 있고 싶을 때가 있는데, 반 친구들과 선생님들은 그럴 때도 나의 감정의 경계에 불쑥 들어와서는 "오늘 수업 시간이 남으니까 오락부장 나와서 진행 좀 해라."라고 할 때, 나를 즐겁고 밝은 아이라고 생각하는 분위기가 가끔은 부담스럽고 싫었다.

그런데 강사라는 직업을 가지면서 생각이 바뀌었다. 학습자들에게 비전 설립 강의 중 강점 교육을 하던 때였다.

"내가 가장 자연스럽고 나다운 것이 나의 강점입니다. 나의 강점을 알고 싶을 때 좋은 방법으로 가까운 지인에게 '나는 어떤 사람이야?' 하고 물어보세요. 그러면 나의 지인들은 의외로 고민하지 않고 넌 이러이러한 사람이야 하고 말해줍니다. 저도 10명의 지인에게 난 어떤 사람이야? 하고 문자나 통화로 물어봤던 적이 있지요. 그랬더니 다들 '너는 밝은 사람이야, 분위기 메이커지, 너랑 있으면 너무 즐거워, 너는 진국이야, 너랑 있으면 기분이 좋아져서 나도 뭔가 할 수 있을 것 같아!' 이렇게 말해주더라고요."

학습자들을 쉽게 이해시키기 위해 나의 사례를 말하면서 '아! 재미있다는 말이 나를 가볍게 여기는 말이 아니구나. 나의 강점이었구나.' 하고 깨달은 적이 있었다.

장애인 인식 개선 강의를 할 때였다. 나를 소개해 주시던 주무관님이 "너무 재미있고 열정적인 강사님이십니다. 기대해 주세요!" 하고 나를 소개해 주었다. 그날 나름대로 심각하게 문제 제기하는 강의를 했다고 생각했는데, 학습자들은 시간 가는 줄 모르고 재미

있었다는 강의 평가를 냈다.

　나는 어느새 재미라는 단어에 대한 오해가 풀어졌다. 재미있다는 말은 감동과 웃음, 지식 정보에 대한 뿌듯함, 이 모든 것이 잘 섞여 있을 때 재미있다고 말한다. '재미있다'라는 말은 결코 그 사람이 가볍다는 말이 아니다. 이런 깨달음이 생기면서 나를 소개할 때 "저는 긍정 에너지를 뿜어내는 재미있는 사람입니다."라고 자신 있게 소개한다.

2
배움의 불씨,
간절함에서 시작하다

1) 두려움을 배움으로 바꾼 용기

　　나의 둘째 아들은 발달장애 청년이다. 아들이 어렸을 때 나는 아들의 로드매니저가 되어 일거수일투족을 다 알아보고 대행하고 그것이 내가 해야 할 일이라 생각하며 최선을 다했다. 그러면서 한편으로는 '우리 아들이 혼자서 살아갈 수 있을까? 내가 없으면 아들은 어떻게 살아가지? 독립할 수 있을까?'라는 두려움이 나를 항상 에워쌌다. 보통 장애 자녀를 둔 부모들은 자녀의 미래를 위해 '돈을 열심히 벌어 놓자.' '나와 자녀가 함께 뭐든 할 수 있는 일을 하자!' 등등 막연한 고민을 한다. 나는 두려운 자녀의 미래를 위해

'내가 모르니까 공부하자!'라고 결심했다.

제일 먼저 시작한 공부가 사회복지사가 되는 거였다. 사회복지에 관한 공부를 하다 보면 아들과 내가 살아갈 수 있는 길을 알 수 있지 않을까 하는 기대였다. 사회복지 공부를 시작하고 한 달 뒤에 그 기대에 대한 해답을 찾았다. 공부하면서 터닝 포인트가 됐던 순간이 '권리'라는 단어를 들었을 때였다.

아들과 동행하면 늘 가슴 졸이며 사람들의 눈치를 봤던 내가 '나와 아들은 행복할 수 있는 권리가 있어!' 학습할 수 있는 권리, 일할 수 있는 권리, 사람답게 살 수 있는 권리….

답답했던 가슴이 뻥 뚫리는 것 같았다. 위축됐던 나의 마음에 힘이 생겼다. 그 뒤로 알고자 하는 나의 욕구는 석사과정에도 도전하게 했으며, 장애인 평생교육을 심도 있게 공부하고 싶은 욕구로 이어져 박사과정까지 마치기에 이르렀다.

2) 질투라는 이름의 열정

생각해 보면 나는 질투가 참 많은 사람이다. 아들이 유치원 때 놀이치료와 언어치료를 받을 때였다. 자녀가 치료받는 동안 보호자는 대기실에서 기다려야 했는데, 그때 기다리는 내 모습이 너무 한심해 보였다. 아들의 장애가 너무 궁금한데 이렇게 마냥 기다리고만 있으면 되는지, 선생님의 말씀을 무조건 들으면서 맹목적으로 따라가야 하는 것인지, 궁금한 것이 너무 많은데 일일이 물어보면 유난 떠는 엄마처럼 보일 것 같아 물어보지 못했다.

무엇보다 아들을 다양한 관점에서 전문적으로 말씀해 주시는 치료 선생님이 너무나 질투가 났다. 내 아들의 장애를 나도 저렇게 알고 싶은데 나는 아무것도 모르는 상태에서 그저 수동적으로 듣기만 해야 하나, 자신이 한없이 작아 보이고 나약해 보였다. 자폐가 있는 아들이 놀이치료 선생님과 함께 소통하는 것을 보면 신기하기도 하면서 어찌나 질투가 나던지…. 이런 점이 훗날 장애인 평생교육 강사가 되는 데 커다란 역할을 하였다.

좋은 강의, 좋은 책을 읽으면 어떻게 이렇게 좋은 강의가, 좋은 책이 있을까? 너무 좋은 내용이다. 같은 숨을 쉬는 사람인데 나는 무엇을 해야 하나? 나는 무슨 고민을 하고 있나? 나의 고민이 누군가에게 도움이 될 수 있을까? 내가 겪은 일들과 내가 하는 고민이 누군가에게 도움이 될 수 있다면 너무나 좋겠다. 이런 생각들이 나를 성장시키는 데 촉매제 역할을 하였다. 내가 박사과정까지 공부를 지속할 수 있었던 것도 이러한 나의 질투심이 큰 몫을 차지한 것 같다.

3
습관의 힘으로
삶을 재구성하다

1) 단순함의 힘 : 복잡함을 정리하고 한 걸음씩

나는 복잡한 게 싫다. 일을 본격적으로 할 때는 항상 단순화하는 것 같다. 무엇보다 선택과 집중을 통해 열정적으로 일한다. 그렇게 되기까지는 시간이 좀 걸리지만 일단 발동이 걸리면 '모 아니면 도다'라는 마음으로 질주한다.

이렇게 일하게 되는 시작은 습관적으로 나에게 질문을 하는 것이다. 주로 묵상을 하거나 기도하는 시간을 통해 나에게 많은 질문을 한다. 나에게 질문함으로써 정말 내가 하고 싶은 일은 무엇인지? 그렇다면 나는 이 일을 왜 하려 하는지? 무슨 목적으로 하려

하는지? 근본적인 질문을 많이 한다.

이번에 ○○시 평생 학습매니저에 지원하게 되었다. ○○시의 학습동아리를 후원하는 일이다. 화요일과 금요일 오후를 제외한 요일들이 수업이 다 있어서 해야 하나 고민을 했다. '나는 이 일을 왜 하려 하는가?'라고 질문하고 그 목적을 생각하니 결과가 빨리 나왔다. 장애인 평생교육 강사로 4년 동안 달려오면서 가장 중요한 것이 학습공동체를 키워나가는 것이다. 평생 학습의 꽃은 학습공동체이다. 장애인 학습자들에게도 학습공동체는 너무나 중요하다. 이를 위해 현장에서 몸으로 부딪치면서 배우고 싶다는 강한 의지가 생겼다. '그렇다면 일이 바쁘더라도 해야 하는 것이 맞다.'라는 단순하고 분명한 결론이 났다. 그래서 면접을 보았고 합격 통보를 받았다. 앞으로 또 배우고 성장할 생각을 하니 기대되고 설렌다.

이렇듯 나는 목적과 의미가 너무나 중요한 사람이다. 의미 없는 일에는 관심도 열정도 성실함도 생기지 않는다. 나의 습관은 나를 향한 질문이다. 이러한 질문에 내가 아주 합당하다고 생각하면 나는 물불 가리지 않고 모든 걸 쏟아붓는다.

나의 선택과 집중은 끊임없는 질문을 통해 내가 해야 하는 목적을 알았을 때 발휘된다. 문제는 시간이 오래 걸린다는 것이다. 그럼에도 나는 의미 없이는 신명 나게 일을 할 수 없는 사람이다.

2) 쉼표의 미학 : 잘 쉬면 잘 달릴 수 있다

일할 때는 그 누구보다 열정적으로 일한다. 하지만 일이 끝나고 나면 뒤도 안 돌아보고 정말 푹 쉰다. 이렇게 늘어져도 되나 할 정도로 푹 쉬다 보면 머리가 개운해진다. 그리고 그 개운해진 기분으로 다시 시작한다. 이렇게 쓰고 보니 참 멋진 것 같지만, 실상은 일과 쉼의 격차가 너무 커서 내 안에 두 사람이 있는 듯한 느낌이다.

보통 사람들은 중요하고 바쁜 일이 생기면 바로 일을 하는데 나는 잠을 먼저 잔다. '이번 주 중요한 강의가 있네, 그렇다면 일단 자자.'하고 잠을 먼저 잔다. 내가 정말 중요한 일을 앞두면 그 어느 때보다 잠을 잘 자고 이기적일 정도로 나만을 위해 순간순간 잘 쉰다. 예전에 중요한 일을 앞두고 커피를 마셔가며 밤을 새우기도 했는데 일은 어떻게 마무리가 되었을지 몰라도 내 몸과 컨디션은 엉망이 됐던 적이 있다. 무엇보다 일에 매몰되어 결국은 그 일이 행복하지 않았다. 하지만 일단 잠을 자고 쉬고 나면 좋은 컨디션으로 신나게 일할 수 있다. 그리고 결과도 매우 좋다. 이러한 경험이 누적되면서 나는 '일을 위해서는 잘 쉬자.'라는 나만의 규칙이 생겼다.

물론 푹 쉰만큼 다시 점프하는 데 시간은 좀 걸리지만, 매번 새롭게 도전하는 마음을 갖는다. 나의 강점이자 단점이다. 한편으로 나의 게으름의 시간을 사랑한다. 가장 나다워지는 시간이기 때문이다. 내가 없어질 정도로 나를 몰아치다가 내가 일을 했던 사람인가? 할 정도로 푹 쉴 때 나를 객관적으로 볼 수 있기 때문이다. 게으름의 시간에 나는 근원적으로 돌아가 '내가 정말 하고 싶었던 것은 무엇인가?' 하는 질문을 많이 한다. 몸은 쉬고 있지만 그 어느 때보다 나를 보듬어 주고 나를 지키는 시간이다. 무엇보다 매너리즘에 빠진 내가 다시 날것의 내가 되는 것 같아 이 시간이 너무나 귀하다. 날것의 나는 아이디어에 힘이 있다. 마음껏 생각하고 그 아이디어를 수업에 활용한다.

남편과 함께 몇 년 전에 충주 쪽 어느 산 일부분을 구매하였다. 그곳에 우리만의 캠핑장을 만들어서 금요일까지 열심히 수업하고 금요일 오후에는 캠핑장으로 떠났다. 들꽃으로 장식도 하고 새소리 들으면서 햇살에 반짝이는 나뭇잎을 보고 있노라면 너무나 행복하다. 이 글을 쓰고 있는 지금도 그곳이 눈에 선하다. 무엇보다 캠핑장을 다녀오면 머리가 맑아져서 내가 하는 일들이 다시 즐거워진다. 그리고 보니 요새 바빠서 통 못 갔는데 이번 주에 가야겠다.

나에게는 항상 일어설 수 있는 또 하나의 강한 힘이 있다. 사람들은 내게 '씩씩하고 열정적이며 항상 밝다'라고 말한다. 하지만 이런 나에게도 마음 저 깊은 곳에 보이는 서늘한 모습이 있다.

둘째 아들이 5학년 때였다. 담임 선생님께서 "어머니, ○○이가 다른 친구들하고 트러블이 있습니다." 그쯤 둘째 아들의 스트레스는 최고조에 달해 있었다. 나는 담임 선생님께 "제가 아들을 지켜봐도 될까요?"라고 부탁드렸다. 교실에 있으면 선생님과 반 아이들이 부담스러워할 것 같아서 복도 창문을 통해 아들을 지켜보았다.

아들은 반 아이들과 교실에 있어도 혼자만 외딴섬에 있는 것 같았다. 처음에는 반 아이들이 창밖의 나를 의식해서 아들에게 조심하는 것 같았다. 몇 주가 지나자, 아이들은 내가 있는 것이 편해졌는지 아들에게 대하는 패턴이 드러나기 시작했다. 아들의 귀에 대고 싫어하는 말을 하고 아들이 하지 말라고 하면 또 그 말을 따라 하고 아들이 화를 내고 옆 친구를 밀치면 자신은 아무 행동도 하지 않았는데 ○○이가 자신을 밀었다고 말하는 모습들이 보이기 시작했다. 때로는 "미안해"라고 말하면서 발로는 아들의 발을 꾹 밟기도 하였다.

담임 선생님도 알고는 있지만 아이들이 자기가 안 했다고 말할 때는 증거도 없어서 더 이상 뭐라고 할 수가 없다고 했다. 아들에게 더 나은 방향으로 나아가게 해주고 싶었는데, 결과적으로 아무것도 해줄 수 있는 것이 없었다. 그저 교실에서 비장애 학생들과 함께 본인은 이해하지 못해도 내가 여기 왜 있는지 몰라도 얌전히 인형처럼 비장애 학생들의 학습을 흉내만 내게 하는 것뿐이었다.

그때부터였을 것이다. 남들이 가는 큰 대로의 길이, 꼭 내 아들이

가야 하는 길은 아닐 수도 있겠다고 느꼈다. 작은 오솔길이어도, 소수의 학생들로 구성되어 있어도, 나는 어딘가에 반드시 아들이 배움의 권리를 누리고 신나게 학교생활을 할 수 있는 곳이 있을 것이라는 막연한 희망을 품게 되었다.

다양한 대안학교를 찾아보고 알아보던 중 사회복지사 자격 과정에서 발달장애인 전문학교인 ○○○ 대안학교를 알게 되었다. 학장님과 상담한 후 며칠을 학교의 수업 시간, 점심시간, 자유시간 등 이모저모를 살펴보았다. 딱 내가 찾던 학교였으며 학교의 커리큘럼 또한 너무나 마음에 들었다. 무엇보다 그곳의 학생들이 정말 밝고 행복해 보였다. 아들을 중학교로 진학시키지 않고 14살에 그 대안학교에 진학시켰다.

공교육에서 벗어나 대안학교로 진학한 것은 아들에게 정말 신의 한 수였다. 드디어 발달장애인으로서의 배움의 권리를 누릴 수 있는 학교를 만난 것이다. 내가 바라는 것은 아들이 살아가면서 모든 것을 누리는 것이었다. 질투, 열정, 우정, 목표, 비전, 낙심, 자신감, 설렘, 기대, 성취감, 자존감, 사랑 등등 이 모든 다양한 감정을 찬란하게 누리길 기도했다. 아들은 대안학교에서 이 모든 것을 누렸다. 꿈만 같았다. 그때부터 나의 학습도 속도를 내기 시작했다. 그러나 이렇게 아들이 신나게 자신이 하고 싶은 일들을 하고 있음에도 때로는 문득문득 두려움이 엄습해 왔다.

차갑고 서늘한 긴 복도에서 애 닳는 마음으로 교실을 바라보고 있는 간절한 엄마의 모습이 늘 내 마음속 깊은 곳에 있다. 바로 그 모습이, 그 기억이, 게으른 나를 일으키는 원동력이다.

3) 수다의 마법 : 소통이 주는 힐링

하루를 마무리하는 루틴은 남편과 동네 작은 카페에서 나누는 수다이다. 내용은 다양하다. 나의 일, 나의 감정, 내가 고민하는 일, 주로 내가 말을 많이 하는 편이다. 남편은 나를 이야기꾼으로 만들어 주는 재주가 있다. 별말 없이 차분하게 앉아 있지만 나를 바라보는 눈은 신나 있기 때문이다. 그 눈을 보면 내가 하는 이야기가 재미있구나 싶어서 더 신나게 이야기한다.

무엇보다 나와 정반대인 남편과의 대화는 내 생각의 폭을 넓혀 주고 다른 관점으로 바라볼 수 있게 한다. 처음부터 대화가 많았던 것은 아니다. 내가 공부하면서부터인 것 같다. 방송대에 편입하고 공부하는 것이 너무나 신나서 내가 알게 된 지식들에 대해 남편과 이야기하기 시작했다. 다람쥐 쳇바퀴 돌아가는 일상을 살았던 내가 새롭게 알게 되고 새로운 만남에 대해 신이 나서 떠드는 나의 말을 남편은 뿌듯해하며 잘 들어 주었다.

남편은 내가 눈을 반짝이며 무언가에 집중하거나 일하는 모습을 보는 것을 좋아한다. 내가 성장하고 있는 것을 너무나 좋아하고 자랑스러워한다. 어떨 때는 과도한 기대를 해서 부담스러울 때도 있다. 그러면 그런 생각들도 수다의 소재가 된다.

박사과정을 시작하기 전에 정말 고민이 많았었다. 투자한 시간과 돈, 노력만큼 성과가 있을까에 대한 염려로 가득했다. 이런 고민을 남편과의 수다 소재로 나누었다. 남편은 내게 이런 말을 했다.

"성과가 중요한가? 당신이 하고 싶은 게 생겼다는 것이 제일 중요하지! 할까 말까? 고민될 때는 하는 것이 좋다고 봐. 뭐가 문제야! 하다가 힘들어서 멈춰도 박사과정이잖아."

나와 관점이 다른 남편과의 대화는 나를 안심시키기도 하고 때론 매섭게 각성시키는 촉매제가 되기도 한다. 항상 내 생각과는 다른 관점으로 바라보는 남편과의 수다는 나의 힐링 시간이다.

4) 일상 속 반짝임 : 평범 속에서 찾는 특별함

나는 운전을 할 때 극동방송을 듣는 것이 나의 일상 중 하나다. 말씀, 찬양, 강의 등 다양한 콘텐츠가 흘러나온다. 그런데 방송을 듣다가 불현듯 떠오르는 아이디어들이 참 많다. 라디오 시작 전 인서트 부분에서 와닿는 문장이 나의 강의의 시작을 떠오르게 하는 불씨가 되어줄 때도 있고, 그럴 때는 녹음기에 녹음할 때도 있고 신호가 멈추었을 때 가볍게 메모하기도 한다.

남편과 대화를 나누거나 산책하는 일상에서 또는 책을 보다가도 아이디어들이 떠오를 때가 있다. 그러면 핸드폰 메모장에 바로바로 메모한다.

박사논문을 쓸 때였다. 막바지여서 내가 주장하고 싶은 내용과 제언을 깊이 있게 써야 하는데 좀처럼 진도가 나가지 않았다. 이럴 때는 남편과 산책하면서 이런저런 이야기를 했다. 그러면서 내가 현재 고민하는 이야기를 하며 나도 모르게 "나는 이렇게 생각해." 하고 내 자신이 너무나 좋은 제언의 내용을 술술 말하고 있었다. 그 순간 "바로 이거네!" 하고 잠깐 멈춰 서서 핸드폰에 기록하기 시작했다. 악상이 떠오르는 작곡가처럼 신나게 쓰고는 바로 책상 앞 컴퓨터로 달려와 고민했던 부분들을 시원하게 작성했던 기억이 있다. 그때의 뿌듯함이란 이루 말할 수가 없다.

가끔 TV에서 상담 전문가들은 종종 이렇게 말한다. 내담자들이 사실 자신의 고민 해결 방법을 알고 있다고 한다. 상담가는 들어줄 뿐이고, 보통 내담자가 자신의 고민을 말하고 해결 방안도 함께 말할 때가 많다는 것이다.

식당에서 지인들과 이야기를 나누다가 불현듯 떠오를 때는 냅킨에 적기도 하는데 이렇게 정리해 놓은 메모들이 모이면 나의 아이디어 북이 된다. 내가 살아가고 있는 다양한 환경들이 내 생각과 만났을 때, 그 어떤 철학자들의 말보다 나에게 울림을 주고, 막혀있던 아이디어들의 첫 단추를 풀게 하는 힘이 된다. 나는 마치 스펀

지처럼 순간순간의 정보들을 빨아들이며 내 생각과 만나서 내 삶에 적용한다.

지극히 소소한 일상에서 자연스럽게 드는 생각, 나만의 언어와 나만의 단어들, 나만의 생각들이 나의 아이디어가 되어 묻어 나온다.

4
미래의 초석,
비전과 열망

1) 간절함이 이끄는 성장

　　지난 시간을 돌이켜 보면 참 신기하다. 나는 포기하려 할 때
마다 기회가 찾아왔다. 여기서 끝을 내야 하나 보다. 이런 생각을
할 때 기회의 순간들이 온다.

　시어머니께서 파킨슨병으로 쓰러진 적이 있다. 우리 집으로 모
시면서 하고 있던 공부를 도저히 할 수 없는 상황이 되었다. 아픈
시어머니와 둘이 집에 있을 때면 세상에 단둘만 외딴섬에 있는 것
같았다. 이런 상황에 공부는 무슨 공부, 하며 포기하려 했던 순간
이 있었다. 당시 방송대 교육학과에 편입하여 졸업을 앞둔 상태였

는데 동기들은 모두 졸업했지만 나만 계속 졸업할 수 없는 상황이었다. 소통 강사가 되고 싶어서 강사 자격 과정을 마치고 스터디도 열심히 하며 강사로서 준비도 열심히 할 때였다.

그런데 아픈 시어머니에 장애 있는 아들을 돌보며 나의 이런 꿈은 욕심인가 하는 생각이 들었다. '내가 이럴 때가 아니지…, 너무 욕심을 내고 있구나.'라는 생각이 굳어지면서 스터디를 함께 했던 강사님들에게 "저는 여기서 그만두겠습니다."라고 말했었다. 그런데 그날 수원의 평생 학습기관 소속이셨던 강사님이 "그러지 말고 우리 기관의 이사님으로 들어오세요. 그리고 대학원도 가보는 게 어떻겠어요?"라는 제안을 하셨다. 가슴이 떨렸다. 간절하게 하고 싶었다. '그래 하자!! 포기하지 말자!!' 내 안의 강력한 힘이 샘솟는 것 같았다. 그렇게 포기하려 할 때, 한 단계 올라갈 수 있는 기회가 생겼다.

아마도 내가 너무나 간절하게 성장하고 싶다는 마음을, 현실의 벽에 부딪히니 외면하려 했던 것 같다. 사람은 간절한 것이 있다면 누군가의 제안에도 희망을 보게 되고 그 끈을 놓지 않게 된다. 간절한 나의 무언가를 찾아보자. 그러기 위해서는 나와 대화를 많이 해야 한다. 내가 정말 하고 싶은 것이 무엇인지, 나를 가슴 떨리게 하는 것이 무엇인지, 내 안의 나를 잘 관찰하고 질문해야 한다. 간절함이 있다면 작은 정보도 제안도 나의 성장의 발판이 된다.

2) 본질로 돌아가기 : 나를 향한 질문

박사과정의 진학도 비슷했다. 3년 동안 열심히 민간 평생교육사로서 평생교육과 소통 강사의 길을 열심히 갔지만 어느 순간 내가 정말 하고 싶은 일이 뭔가 하는 물음과 함께 이제 공부는 여기까지 해야 하나 하는 질문이 나에게 던져졌다. 바쁘기만 하고 알맹이는 없어진 상태라고 해야 하나? 바쁘기는 한데 정체된 것 같은 생각이 들었다. 계속 여기서 머물면 안 될 것 같았다. 내가 하던 일을 다 포기하고 싶은 순간이었다. 이런 생각으로 석 달을 고민하고 기도했다. 그러면서 드는 생각이, '내가 처음 공부를 시작하게 된 계기가 뭐지? 그래 장애가 있는 아들의 막연한 미래가 두려워서 알고 싶어서 시작했었지, 그렇다면 본질로 돌아가자!'였다.

그 후 나는 장애인 평생교육 강사가 되기 위해 내가 알고 있던 장애인 평생교육 강사님들에게 일단 "저 배우고 싶습니다. 보조교사로 일하면서 배우고 싶어요." 하고 들이밀었다. 그리고 다시 처음부터 시작했다. 보조교사로 일한 지 4개월 만에 장애인 일상생활 훈련 강의와 소통 강의 의뢰가 들어왔다. 생각보다 강의 의뢰가 빨리 들어와서 해야 하나 망설였지만, 하지 않으면 더 후회할 것 같아 부담감을 느끼고 시작하였다.

처음 맡은 학습 대상자는 ○○복지관의 중증 발달장애인들로 구성된 성인 발달장애인 청년들이었다. 키가 180cm가 넘고 몸무게가 120킬로가 넘는 거구의 성인 남성 발달장애인 학습자들이 7명 이었다. 발달장애 아들을 키우고는 있지만 그와는 또 달랐다. 하기 싫으면 그냥 주저앉아 있거나 물건을 던지기도 했다. 처음엔 솔직히 두렵고 막막했다. 하지만 10개월간의 수업을 통해 나만의 요령이 생겨나기 시작했다.

어떤 학습자든 흥미 있는 수업에는 관심을 가지며, 자신을 기다려 주고, 수업 시간에 자신이 격려받고, 지지를 받고 있다는 확신이 생기면, 수업에 즐겁게 임한다는 사실도 깨달았다. 반응이 좋아 다른 수업도 연계해서 하게 되었고, 담당자님께서 다른 복지관도 소개해 주셨다. 입소문이 나면서 다양한 복지관에서 장애인을 대상으로 성교육, 인권 교육, 자기결정 교육, 자립 실천 교육, 문해교육, 스피치 교육 등 다양한 수업을 하게 되었다.

성인 발달장애인 대상으로 강의하면서 장애인 학습자들의 반짝이는 눈빛과 안 되던 일들이 해결되었을 때 자신감을 느끼는 과정들을 보며 내가 공부해야 하는 목적이 분명해졌다. 더 나아가 사명감도 생겼다.

장애를 떠나 모든 인간은 배우고 싶고 알고 싶고 인정받고 싶은 기본적인 욕구와 열망이 있다. 모든 사람은 살아있는 것만으로도 숨 쉬는 것만으로도 박수받고 사랑받을 자격이 충분하다.

무엇보다 나에게 선순환이 일어났다. 장애인 평생 학습 현장에서 가르쳤던 것들이 아들에게도 적용되었다. 그동안 아들에게 보였던 문제들과 필요한 교육들이 현장에서 적용되는 선순환이 일어나면서 엄마로서는 아들을 객관적으로 볼 수 있게 되었고, 강사로서는 장애인 학습자들에게 더 세심하고 필요한 것들에 관해 연구할 수 있는 바탕이 되었다.

목적이 분명해지니 장애인 평생교육을 더 연구하고 싶고 그에 따른 논문도 쓰고 싶어져서 박사과정에 진학했다. 3년간의 박사과정과 6개월의 논문 심사 시간들은, 본질로 돌아가서 분명한 목적이 없었다면 시작도 하지 않았을 것이며 시작했다 하더라도 포기했을 것이다.

지금은 장애인 복지관에서 종사자 보수교육과 장애인 평생교육을 시작하는 강사, 종사자들에게 장애인 교수법, 장애인 평생교육 프로그램 설계, 장애인 인식개선 교육 등 비장애인에게까지 확장된 장애인 평생교육 강의를 하고 있다. 그리고 장애인 평생교육에 대한 정책 제언도 꾸준히 하고 있다. 내가 본질로 돌아가서 진심으로 하고 싶은 나의 간절한 마음의 소리가 빛을 발하는 중이다.

따라서 앞으로 나의 행보가 너무나 기대가 되고 궁금하다. 물론 걱정이 될 때도 있다. 그런데 그 걱정은 내가 무엇을 할지 방황하는 걱정이 아니라, 앞으로 장애인 평생교육에 잘 쓰임 받도록 건강과 지혜가 지속적으로 생기길 바라는 걱정이다.

자신이 정체되어 있고 긴 터널 속에 있는 것 같을 때가 있는가? 그렇다면 시간이 좀 걸리더라도 본질로 돌아가서 내가 정말 하고 싶은 것은 무엇인지 조용히 들여다보는 시간을 꼭 가져보길 권한다. 그리고 다시 돌아가는 것에 대해 두려워하지 말자!! 우리의 인생을 본다면 때로는 돌아가는 것이 오히려 더 빠를 때가 있다.

3) 비전은 기록하고 말한 대로

10년 전, 고3 졸업을 앞둔 여고생들에게 소통과 비전에 대해 강의했던 때였다. 비전 강의 준비를 하다 보니 거점별 나의 목표를 작성해야 하는 시간이 있었다. 학생들의 이해를 돕기 위해 나의 거점별 목표를 세웠다. 1년 뒤, 5년 뒤, 10년 뒤, 15년 뒤, 20년 뒤, 30년 뒤의 나의 거점별 계획이었다.

깊이 고민하면서 나의 거점 계획을 세우기 시작했다. 그리고 강의하는 날 나의 거점별 계획들을 보여 주며 "선생님은 이렇게 거점 계획을 세웠습니다. 이미 이루어진 것도 있고 앞으로도 이루어 갈 것입니다." 하고 강의를 잘 마쳤다. 사실 강의하면서도 반신반의한 생각이 조금 들기는 했지만 강의가 코앞이라 열심히 준비해서 학생들에게 강의했었다.

그런데 10년이 지난 후 신기하게도 그때 세웠던 나의 거점별 계획들이 그대로 이뤄졌다.

1년 후 : 석사 입학

5년 후 : 박사 입학

10년 후: 발달장애인 기관 설립, 발달장애인 공동체(학습동아리
　　　　 등)

15년 후 : 교수, 책 5권 집필, 발달장애인과 노인평생교육 연계사
　　　　 업 진행

20년 후 : 발달장애인과 노인평생교육 연계하여 지역과 활발한
　　　　 네트워크

30년 후 : 발달장애인, 노인평생교육 현장에서 봉사

　15년 후 계획이 책을 쓰는 것인데, 지금 책을 쓰고 있으니 이 계획은 이루어지는 중이라고 볼 수 있다. 이후 계획은 교수가 되고 학습의 사각지대에 놓인 학습자들이 편하게 학습할 수 있는 평생교육원을 만드는 것이다. 분명 이 계획들도 언젠가는 이루어질 것이라 믿는다.

　비전은 세운 것을 기록하고 사람들 앞에서 말한 대로 이뤄진다. 사람들 앞에서 말한다는 것은, 내 생각이 입 밖으로 나오고 그 말이 나를 사로잡고 내가 그 말에 책임을 진다는 뜻이다. 말이란, 입 안에 있을 때는 내가 말을 지배하지만, 입 밖으로 나오는 순간부터 말이 나를 지배한다. 그 증인이 바로 나다. 그래서 나는 동기부여 강의를 할 때 여러분 눈에 보이는 내가 바로 산증인이라고 나의 사

례를 이야기한다.

  내 습관으로 자리 잡은 것 중 하나는, 한 해가 시작되는 1월 또는 2월에 1년의 계획을 세우는 일이다. 사실 이것도 수업의 하나로 시작해서 생긴 내 습관이기는 하다. 이맘때쯤 수업에 항상 올해의 계획을 작성하고 발표하는 시간을 갖는다. 나는 거짓말하는 강사가 되기 싫어서 항상 내가 먼저 경험해 보고 나의 사례를 전한다. 그러다 보니 귀찮아도 먼저 계획과 비전을 세우는 습관이 생겼다.

  이렇게 시작된 나의 습관은, 아는 지인들과 함께하기도 한다. 한 해의 이루고 싶은 다섯 가지 계획을 세우고 하나하나의 목표를 생각하며 가치 단어 카드를 뽑는다. 의미 있는 단어로 구성된 가치 단어는 목표와 연결되었을 때 목표를 더욱 확고하게 만들어 주며 의미 있고 가치 있게 만들어 준다. 그것을 기록하고 사람들 앞에서 나의 계획을 말하고 서로 격려해 주면 뿌듯하고 마음에 힘이 생긴다.

  "건강과 운동을 결의로 다지며
  나만의 탁월함과 진실함으로
  하나님이 주시는 사랑의 말씀 안에서
  인내하며 살겠습니다."

  <2024년 나의 비전>

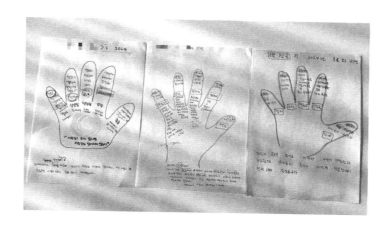

4) 함께 성장하는 삶

나의 거점별 계획 중에는 장애인 평생 학습기관을 만드는 것도 있다. 그 시작의 작은 모형으로 나는 2022년 3월에 ○○협동조합을 만들었다. 5명의 조합원으로 시작하였다. 장애인 평생교육에 관심이 있는 강사들로 구성된 협동조합이다.

비록 작은 기관이지만 처음엔 어떻게 만들어야 할지 막막했었다. 하지만 분명한 건 장애인들과 함께 성장하고 싶은 마음이 강했다는 것이다. 나를 지탱해 주는 것은 성장을 믿는 마음 같다.

우리 협동조합의 비전은 '배움의 성장을 통하여 나눔을 실천하고 서로 존중하며 함께 성장하는 즐거움 가득한 ○○협동조합'이다. 아직은 소수이지만 적은 인원이어도 파워가 있다. 한 분 한 분이 장애인 평생교육의 사명감으로 똘똘 뭉쳐 있고 열심히 공부하며 배움의 사각지대에 있는, 평생교육이 필요한 곳 어디든 달려가는 열정적인 분들이다. 우리 이사님들이 계시기에 외롭지 않고 함께 할 수 있는 동료가 있다는 것에 감사하며 장애인 평생교육을 향해 묵묵히 한 걸음 한 걸음 나아가고 있다.

또 다른 귀한 모임이 박사과정 동기들과의 모임이다. 이 책을 쓰게 된 계기도 박사 동기들과 함께 우리가 박사가 되기까지 각자의 계기와 성장 습관이 다양할 것이라는 질문에서 시작했다. 함께 할 때, 내게 선한 영향이 전달되어 동기부여를 받고 성장할 힘을 받는 나의 강력한 에너지가 되는 모임이다. 무엇보다 함께 논문을 쓰면서 함께 도전하고 힘든 과정 속에서 서로에게 의지가 되고 서로를 격려하며 성장할 수 있었던 것은 너무나 귀한 경험이었다. 서로의 성장을 목격하고 나도 그 성장을 도왔다는 것이 진심으로 기쁘고 자랑스럽다. 동기들의 조언과 지원, 그리고 함께 걸어가겠다는 그 의지는 나를 더 나은 연구자로 만드는 동기부여가 되었다.

앞으로도 다양한 도전과 그 길을 가면서 고통과 희열, 좌절과 성취를 경험하게 될 것이다. 하지만 나는 두렵지 않다. 서로를 잘 이해하고 공감할 수 있는 귀한 사람들, 누구보다 응원하며 함께 성장할 수 있는 귀한 사람들이 있기에 오히려 그 길이 기대되고 정성껏 맞이하고 싶다.

성장습관에
힘이되는
문장

·

·

·

1. "긍정적인 태도는 삶의 도전 속에서도 기회를 발견하게 하는 가장 강력한 힘입니다."

2. "자신을 있는 그대로 받아들이고 사랑하는 순간, 진정한 변화가 시작됩니다."

3. "삶의 어려움은 당신을 멈추게 하는 벽이 아니라, 더 큰 가능성을 발견하게 하는 디딤돌입니다."

4. "긍정과 명랑함은 타고난 성격이 아니라, 오늘 내가 선택할 수 있는 삶의 태도입니다."

5. "자신의 강점을 믿고 부정적인 시선을 떨쳐낼 때, 우리는 더 높은 곳으로 나아갈 수 있습니다."

6. "실패는 끝이 아니라 더 나은 나를 만들어 가는 새로운 시작입니다."

7. "삶의 걸림돌은 결국 나를 더 강하게 만드는 디딤돌이 됩니다."

8. "실패 속에서 배우고 다시 일어서는 힘이야말로 진정한 용기입니다."

9. "부정적인 생각에 머무르지 말고, 실패 속에서 배움을 찾는 태도를 선택하세요."

10. "실패는 당신이 노력한 흔적이며, 성공으로 가는 필수적인 과정입니다."

11. "작은 습관이 위대한 변화를 만듭니다. 오늘의 작은 실천이 내일의 당신을 성장하게 합니다."

12. "배움에 대한 열정은 삶의 끝없는 가능성을 여는 열쇠입니다."

13. "꾸준한 노력과 긍정적인 태도가 당신의 삶을 변화시키는 가장 강력한 무기입니다."

14. "성장은 단번에 이루어지는 것이 아니라, 매일의 작은 습관이 쌓여 만들어지는 과정입니다."

15. "책 한 권을 읽는 작은 노력이 당신의 시야를 넓히고 인생을 변화시키는 힘이 됩니다."

16. "열정의 씨앗을 심고 가꾸면, 삶은 끊임없이 성장하는 정원이 됩니다."

17. "작은 감사와 긍정적인 태도가 일상을 특별하게 만드는 힘이 됩니다."

18. "자신을 돌보고 사랑하는 습관이 더 나은 삶을 만드는 첫걸음입니다."

19. "꾸준한 실천이 성장의 시작입니다. 작은 노력이 모여 더 나은 당신을 만듭니다."

20. "배움과 실천은 세상을 변화시키는 가장 강력한 도구가 될 수 있습니다."

21. "소명은 당신 내면의 가능성을 발견하고 세상을 밝히는 여정입니다."

22. "삶의 목적을 찾고 그 방향으로 나아갈 때, 우리는 진정한 만족과 성취를 경험합니다."

23. "소명은 어렵게 찾아오는 것이 아니라, 성장의 과정에서 발견되는 값진 보물입니다."

24. "자신의 길을 믿고 걸어갈 때, 그 길은 결국 다른 사람들에게도 희망이 됩니다."

25. "삶의 소명을 실천하는 것은 나 자신뿐만 아니라 세상을 더 나은 곳으로 만드는 최고의 선물입니다."

변향미

삶의 여정 속에서 긍정적인 태도를 유지하며 실패를 성장의 밑 거름으로 삼아 온 경험은 인생의 중요한 축이 되었다. 배움에 대한 열정과 꾸준한 실천이 작은 습관이 되었고, 그 습관이 의미 있는 변화와 성장을 이끌어 주었다. 이 책을 함께 집필하며 애써 준 동 기 박사들께 감사하고 공저를 기획하고 출간까지 완수할 수 있도 록 만남의 축복과 지혜를 허락하신 하나님께 감사드린다. 아울러 귀한 추천사를 써주신 이복희 지도교수님께 진심 어린 감사를 드 린다. 스승님과의 만남은 공저자 모두의 축복이다. 나요한 대표님 께도 감사드린다. 끝으로 이 책이 세상에 나올 수 있도록 아낌없는 지원과 수고를 해주신 출판사에도 감사드린다. 우리는 완벽을 추 구하는 것이 아니라, 완성을 향해 나아가는 과정에서 성장해 왔다. 이 책이 새로운 시작과 도전을 앞둔 독자들에게 작은 용기와 희망 이 되기를 바란다.

구은주

처음에는 평범한 주부였던 내가 꾸준함과 도전을 통해 평생교육 전문가가 되고, 교육학박사가 되기까지의 과정은 절대로 쉽지 않았다. 하지만 작은 도전이 쌓여 결국 큰 변화를 만들어 냈다. 독자 여러분도 지금의 작은 도전이 인생을 바꾸는 첫걸음이 될 수 있음을 믿었으면 좋겠다.

김성호

글을 쓰며 배움과 격려의 힘을 다시 한번 느낄 수 있었다. 성장은 혼자만의 힘으로 이루어지는 것이 아니라 서로 영향을 주고받으며 함께 만들어 가는 과정임을 깨닫는다. 특히 개인의 긍정 마인드셋과 동료들과의 관계, 스승과 가족의 지지와 격려가 우리 삶에 놀라운 영향을 준다는 것을 강조하고 싶다. 이 글이 독자들에게 자신만의 성장 습관을 발견하는 데 도움이 되기를 바라며, 모두 함께 성장의 여정을 떠나길 바란다.

김소영

동기 박사들과 함께 책을 집필하며 나 자신을 돌아볼 수 있었다. 어려움 속에서도 배움, 몰입, 끈기를 실천하며 한 걸음씩 나아갈 수 있었음에 깊이 감사한다. 광야는 길을 잃는 곳이 아니라, 새로운 길을 찾아가는 곳이다. 인생에서 누구나 마주하는 광야와 같은 순간에도, 여러분의 성장 습관을 키워 나간다면, 결국 자신만의 길을 발견할 수 있을 것이다. 이 책이 독자 여러분의 여정에 작은 디딤돌이 되어, 함께 성장해 나가길 바란다.

변선옥

이 책을 집필하는 동안, 나의 성장 습관을 돌아보며 나의 삶을 만들어 온 간절함, 질문하는 태도, 쉼표의 미학, 그리고 함께 나아가는 용기를 다시금 확인할 수 있었다. 그리고 그 과정에서 내가 추구하는 가치가 결국 '지속적인 배움과 나눔'이라는 사실도 더욱 분명해졌다.

독자 여러분도 이 책을 통해 나만의 성장 습관을 발견하고, 작은 변화라도 시도해 보길 바란다. 변화는 거창한 것이 아니다. 사소한 반복이 쌓여 어느 순간 놀라운 변화를 만들어 내듯이, 여러분의 하루하루가 더 나은 내일을 만드는 초석이 될 것이다.

우리는 여전히 성장하는 길 위에 서 있다. 그리고 이 길은 끝이 아니라, 또 다른 시작이다. 함께 나아갈 수 있어 더 감사한 이 길에서, 우리는 앞으로도 서로의 성장을 응원하며 걸어갈 것이다.

"우리의 성장은 계속된다!"

늦어도 괜찮아, 성장하고 있으니까

초판 발행	2025년 04월 07일 초판 1쇄

지은이	변향미, 구은주, 김성호, 김소영, 변선옥
펴낸곳	피앤피북
펴낸이	최영민
인쇄제작	미래피앤피

주소	경기도 파주시 신촌로 16
전화	031-8071-0088
팩스	031-942-8688
전자우편	hermonh@naver.com
등록일자	2015년 03월 27일
등록번호	제406-2015-31호

ISBN	979-11-94085-45-4 (13190)